Luthers Aufruf zur Gründung von Schulen,
an denen Alte Sprachen gelehrt werden

Die sprachen synd die scheiden,
darynn dis messer des geysts stickt

Kai Brodersen

Luthers Aufruf zur Gründung von Schulen, an denen Alte Sprachen gelehrt werden (1524)

Kopie der in Erfurt 1524 gedruckten Ausgabe, Transkription und Übertragung

Kartoffeldruck-Verlag
Speyer 2023

Bibliografische Information der Deutschen Nationalbibliothek

Die Deutsche Nationalbibliothek verzeichnet diese Publikation in der Deutschen Nationalbibliografie; detaillierte bibliografische Daten sind im Internet über http://dnb.d-nb.de abrufbar.

Der Kartoffeldruck-Verlag publiziert zum reinen Selbstkostenpreis Bücher, die in jeder Buchhandlung bestellt werden können.

1. Auflage 2023

www.kartoffeldruck-verlag.de
ISBN 978-3-939526-59-9

Für Hartmut Loos,

der als Altphilologe und evangelischer Theologe
über viele Jahre das humanistische
Gymnasium am Kaiserdom in Speyer
als Lehrer und Schulleiter geprägt hat,

anlässlich seines 65. Geburtstags
und seines Eintritts in den Ruhestand.

Im Geist von Luthers Ratsherrenschrift von 1524
wurde die Gründung des Speyerer Ratsgymnasiums
bereits 1525 vom Rat der Stadt Speyer beschlossen
und nach religions- und stadtpolitischen Wirren
1538–1540 umgesetzt; die Schule besteht seither
und heißt heute Gymnasium am Kaiserdom.

Inhalt

Einführung

Am 28. Februar 1524 schrieb der katholische Humanist Michael Hummelberger (Hummelberg, 1487–1527) aus Ravensburg an den Reformator Joachim Vadian (Joachim von Watt, 1483/84–1551) in St. Gallen einen Brief, in dem er über Luther berichtete: *nunc libellum aedidit ad Germanici imperii civitates de constituendis scholis et exercitandis studiis literarum* (nun hat er ein Büchlein herausgegeben an die Städte des deutschen Reichs über die Einrichtung von Schulen und die Einübung des geisteswissenschaftlichen Studiums).[1] Dieses zuerst 1524 in Wittenberg gedruckte Büchlein ist erhalten:

> An die Radherrn aller stedte deutsches lands: das sie Christliche schulen auffrichten vnd hallten sollen. Martinus Luther. Wittemberg. M. D. xxiiij.[2]

Martin Luther (1483–1546) bietet in dieser Flugschrift ein Plädoyer für die Unentbehrlichkeit des Unterrichts in den Alten Sprachen und überhaupt einer guten Geistesbildung nicht nur für die Kirche, sondern auch für den Staat und die weltlichen Stände. Er fordert daher die Ratsherren der Städte dazu auf, entsprechende Schulen (und Bibliotheken) einzurichten.

Diese rasch und oft nachgedruckte Schrift, die vielerorts zur Gründung von (oft bis heute als Humanistische Gymnasien bestehenden) evangelischen Ratsschulen führte, wird in der vorliegenden Ausgabe neu präsentiert. Erläuterungen, auf die mit hochgestellten Buchstaben verwiesen wird, finden sich am Schluss des vorliegenden Bandes.

---

1 Karl Hartfelder: Melanchthoniana paedagogica. Eine Ergänzung zu den Werken Melanchthons, Leipzig 1892, 124–125, Zit. 125.

2 VD16 L 3800. VD16 verweist auf die Bibliographie *Verzeichnis der im deutschen Sprachbereich erschienenen Drucke des 16. Jahrhunderts*: www.bsb-muenchen.de/sammlungen/historische-drucke/recherche/vd-16. Dort sind auch Digitalisate verzeichnet.

Luthers Ratsherrenschrift fand in Wittenberg rasch ihre Leserschaft. So schrieb ein Wittenberger Student, Felix Rayther, am 8. April 1524 an seinen Freund Thomas Blaurer über jenes Werk:

> *Editus est nuper libellus Martini Germanicus ad magistratus Germaniae, quo ipsus adhortatus est, ut quisque in sua ciuitate constituerat pueris praeceptorem, nec sic iuuentus undique circumuagetur et pereat penitus. Totus fere libellus encomion est linguarum, in quo, de argumentis loquor, cernendus Germanicus Cicero.*[3]
>
> Herausgegeben worden ist neulich ein Büchlein des Martin (Luther) auf Deutsch an die Ratsherren Deutschlands, in dem er dazu aufgefordert hat, dass jeder in seiner Stadt den Kindern einen Lehrer einrichtet, damit so die Jugend nicht überall herumschwärmt und ganz untergeht. Fast das ganze Büchlein ist ein Lobpreis der (Alten) Sprachen, in dem man – ich spreche von den Argumenten – den deutschen Cicero erkennen muss.

Im Juni 1524 empfahl auch Philipp Melanchthon (1497–1560) die Lektüre dieses Buchs in einem Brief an Studenten:

> *Phil. Melanchthon studiosis omnibus s(alutem). Videtis, adolescentes, commendari uobis literarum humanitatis studium a Luthero, cuius si qua est auctoritas apud uos, patiamini quæso, publicæ necessitatis caussa à uobis impetrare, ut rem literariam strenue tueamini. ... Nam admissa barbarie uidemus olim labefactatam esse religionem, et uehemeter metuo ne eodem redeat res, nisi manibus ac pedibus pulcherrimum Dei munus, litteras, defenderimus. Valete!*
>
> Philipp Melanchthon grüßt alle Studenten. Ihr jungen Leute seht, dass Euch das Studium der humanistischen Geisteswissenschaften von Luther empfohlen wird, und wenn es denn bei Euch eine Autorität von ihm gibt, bitte ich Euch, es zu dulden, dass ich wegen der öffentlichen Notwendigkeit von Euch erbitte, dass ihr die Geisteswissenschaften eifrig achtet. ... Denn nachdem die Barbarei zugelassen worden war, sehen wir, dass die Religion schon damals geschwächt worden ist, und ich fürchte heftig, dass die Sache dorthin zurückkehrt, wenn wir nicht mit Händen und Füßen das schönste Werk Gottes, die Geisteswissenschaften verteidigen wollen. Lebt wohl![4]

---

3 Hartfelder ebd. 131-135, Zit. 134.

4 Richard Wetzel u. a.: Melanchthons Briefwechsel. Kritische und kom-

Und noch im Jahr der Erstausgabe, 1524, wurde das Werk in anderen Zentren nachgedruckt, so gleich zweimal in Erfurt. Eine Ausgabe erschien hier bei Matthes Maler[5] im Haus zum Schwarzen Horn (Michaelisstraße 48), die andere bei Wolfgang Stürmer (Wolff Stormer)[6] im Haus zum Bunten Löwen bei St. Paul.[7] Diese Ausgabe bietet auf der Titelseite einen Holzschnitt, der oben eine Knaben-, unten eine Mädchenschule zeigt, und diese Ausgabe wird auch im vorliegenden Buch präsentiert.

Gerade in Erfurt nämlich sah sich die 1379 von der Bürgerschaft gegründete und 1392 eröffnete Universität, an der Luther einst von 1501 bis 1505 selbst studiert hatte, durch den bildungsfeindlichen Fanatismus der sogenannten Schwärmer herausgefordert. Schon 1523 hatten sich deshalb Erfurter Professoren gegen den Einfluss dieser Gruppe geäußert. Bei Matthes Maler (s. o.) war auf Latein ein Buch mit folgendem Titel erschienen, das Briefe an den an der Erfurter Universität als Professor für Latein tätigen Humanisten Eobanus Hessus (1488–1540)[8] versammelte:

> *De non contemnendis studiis humanioribus futuro Theologo maxime necessariis aliquot clarorum virorum ad Eobanum Hessum Epistolae.*[9]

---

mentierte Gesamtausgabe, Text Bd. 2, Stuttgart–Bad Cannstatt 1995, 144–145 Brief 330 (Brief aus der zweiten Hälfte Juni 1524), veröffentlicht 1528 in der lateinischen Übersetzung der Ratsherrenschrift *De constituendis scholis Mar. Lutheri liber donatus Latinitate*, Hagenau 1528, VD16 L 3803.

5 VD16 L 3792.

6 VD16 L 3793.

7 Das Haus wurde 1736 beim Brand des Quartiers zerstört, heute steht dort (Paulstraße 21) ein barocker Nachfolgebau; vgl. Bernhard Hartung, Die Häuser-Chronik der Stadt Erfurt, Erfurt 1861, 209 zu Nr. 2384.

8 Zwei lateinische Gedichte des Eobanus Hessus sind auf einer Inschrift über dem Portal des Collegium Maius der alten Erfurter Universität zu sehen, vgl. Kai Brodersen: Felix Thuringia Plaude. Lateinische Bau-Inschriften im Stadtbild von Erfurt, Speyer ²2023, 43–44 (#29).

9 VD16 N 1822.

Über die nicht zu verachtenden humanistischen Studien, die für einen künftigen Theologen am meisten notwendig sind, einige Briefe berühmter Männer an Eobanus Hessus.

In demselben Jahr 1523 brachte Wolfgang Stürmer (s. o.) ein deutschsprachiges Buch des Erfurter Humanisten und Reformators Johannes Lang (1487–1548) mit einer ähnlichen Zielsetzung heraus:

Eyn Sermon vonn menschlicher schwacheit, wy er aus sich nichts vormag vnd Gott ynn allen dingen anruffen soll, auch vonn schulen odder vniuersitet tzů erhalt, zů Sant Michel gepredigt durch Doctor Johan̄ Langen.[10]

Bereits ein Jahr zuvor, 1522, war in Wittenberg Luthers Übersetzung des Neuen Testaments (das sog. »Septembertestament«) im Druck erschienen.[11] Manche fragten sich nun: Wofür braucht man noch eine Kenntnis der Bibelsprachen? Hinzu kam wohl auch eine zunehmend utilitaristische Haltung gerade in wirtschaftlich erfolgreichen Städten wie Erfurt. Im Blick auf den praktischen Nutzen von Wissen bevorzugten einige Eltern für ihre Kinder zum Beispiel Rechenschulen, wie sie Adam Riese (Ries, 1492–1559) in Erfurt als privates Unternehmen – nicht etwa an der Universität – eingerichtet hatte. Es ist bemerkenswert, dass Matthes Maler in Erfurt nicht nur die beiden schon genannten Werke zur Verteidigung der Alten Sprachen und 1524 eines der ersten evangelischen Gesangbücher,[12] sondern 1525 auch das erste Rechenbuch von Adam Ries zum Druck brachte.[13]

Luther beobachtet nun den Verfall der Hochschulen und Klöster, der alten »Teufelsschulen«, die auf den »Pfaffen- und Mönchsstand« vorbereiten, und empfiehlt neue, die Alten Sprachen pflegende Schulen, für deren Gründung und Finanzierung durch die Ratsherren er

10 VD16 L 317.

11 VD16 B 4318.

12 VD16 E 1153; vgl. Christiane und Kai Brodersen: Ein Enchiridion oder Handbüchlein geistlicher Gesänge und Psalmen (Erfurt 1524), Speyer [2]2011.

13 VD16 R 2358; vgl. Christiane und Kai Brodersen: Adam Ries, Das erste Rechenbuch (Erfurt 1525). Speyer 2018.

mit allem Nachdruck eintritt. Mit Verweis auf 1. Kor 14,29 (»Auch von den Propheten lasst zwei oder drei reden, und die anderen lasst darüber urteilen.«) fordert Luther die für die Erschließung der Bibel nötige breite Kenntnis der Sprachen des biblischen Originaltextes. Dabei kämen diese Studien nicht nur der Theologie und Kirche zugute, sondern auch dem weltlichen Stand, der auf diese Weise tüchtige leitende Kräfte gewinnen könne; zudem werde so das ganze Volk – Männer und Frauen – geistig gehoben.

Zuständig seien die Bürgermeister und Ratsherren der Städte dafür, »dass sie christliche Schulen aufrichten und halten sollen«. Freilich geht es Luther dabei nicht um die bloße Geistesbildung, sondern um die Bildung des christlichen Charakters, die das höchste Ziel der Erziehung und des Unterrichts sein müsse. Das Evangelium sei dafür von höchstem Wert, und nur die Pflege der Alten Sprachen ermögliche seine Erschließung, denn es seien »die Sprachen die Scheiden, worin das Messer des Geistes steckt«, eben Gottes Wort.

Luthers Ratsherrenschrift hatte eine große Wirkung: Die meisten der noch heute bestehenden humanistischen Gymnasien gehen direkt oder indirekt auf Luthers in dieser Schrift geäußerte Ideen zurück. Noch im Erscheinungsjahr 1524 wurden die evangelischen Ratsschulen in Gotha, Halberstadt, Magdeburg und Nordhausen gegründet, 1525 die in Eisleben und 1526 die in Nürnberg.[14]

In Speyer hatte sich der Rat bereits 1525 für die Einrichtung einer solchen Schule ausgesprochen,[15] sie aber erst nach einigen religions-

---

14 Paul Pietsch: D. Martin Luthers Werke. Kritische Gesammtausgabe, Schriften Bd. 15: Predigten und Schriften 1524, Weimar 1899, 15.

15 So jedenfalls Peter Braun: Die Speyerer Gelehrtenschule. Ein Überblick über die Geschichte des Gymnasiums und seiner Vorfahren, in: 400 Jahre Speyerer Gymnasium, Speyer 1952, 13-62, spez. 24; ebenso Willi Alter: Von der Konradinischen Rachtung bis zum letzten Reichstag in Speyer, in: Wolfgang Eger (Hg.): Geschichte der Stadt Speyer, Bd. 1, Stuttgart [2]1983, 369–570, spez. 542.

und stadtpolitischen Wirren 1538 neu in den Blick genommen[16] und 1540, also im »eigentlichen Reformationsjahr Speyers«[17], eröffnet.[18] So sei der vorliegende Druck[19] der Schrift dem langjährigen Leiter des Speyerer Gymnasiums gewidmet: Hartmut Loos.

---

16 Karl Reissinger: Dokumente zur Geschichte der humanistischen Schulen im Gebiet der Bayerischen Pfalz. Bd. 2: Dokumente zur Geschichte der weltlichen Schulen in Zweibrücken, Speyer und kleineren Orten (Monumenta Germaniae Paedagogica 49), Berlin 1911, 368–370.

17 Alter (wie Anm. 15) 542.

18 Die Schulordnung des Johannes Mylaeus (Müller) von 1540 bei Reissinger (wie Anm. 16) 370–372. Das Evangelische Ratsgymnasium in Erfurt wurde übrigens erst 1561 durch Beschluss des Magistrats gegründet und 1562 gegen erzbischöflichen Einspruch eröffnet; erster Schulleiter war Paul Dumerich (1527–1583), ein Schüler Melanchthons; s. Ulman Weiß: Das Erfurter Evangelische Ratsgymnasium 1561–1820, Erfurt 1999, 7–8.

19 Die Erfurter Ausgabe von 1524, die hier nach dem Exemplar der Bayerischen Staatsbibliothek München (https://mdz-nbn-resolving.de/details:bsb10204766) wiedergegeben ist, weicht oft in der Schreibung und manchmal in Details von der wenige Monate älteren Wittenberger Erstausgabe ab. In der Transkription stehen daher in <spitzen Klammern> Zusätze der Erfurter Ausgabe, in [eckigen Klammern] Buchstaben oder Textteile, die in der Erfurter Ausgabe fehlen. Diese weist zudem einige Flüchtigkeiten auf, darunter (in der Transkription mit [$] markierte) Buchstabendreher und (mit [¢] markierte) Fehlgriffe des Setzers (etwa *b/h, e/r, f/s, n/u*). Mit ’ wird *er* abgekürzt; ein Überstrich ersetzt einen folgenden Buchstaben, meist *d, m* oder *n*. In der Transkription umfassen geschweifte Klammern die Seitenzahlen der Kopie, in der Übertragung eckige Klammern Belege und kurze Erläuterungen. Die Verben »lehren« und »lernen« sind in Luthers Deutsch austauschbar (vgl. Grimms *Wörterbuch* s. v. lehren 14 bzw. lernen II 2). Die Einfügung von erklärenden Überschriften folgt hier teilweise der Calwer Ausgabe von Wolfgang Metzger: Luthers Werke, Bd. 4: Von weltlicher Obrigkeit, Neuhausen-Stuttgart 1966, 151–184.
Für die Transkription und das Mitlesen der Korrekturen danke ich meiner lieben Frau Christiane Brodersen, die ein Vierteljahrhundert am Gymnasium am Kaiserdom in Speyer tätig war und nun zugleich mit Hartmut Loos in den Ruhestand geht. Danke!

Luthers Ratsherrenschrift

{1} An die Radherrn aller stedte deutsches lands:
das sie Christliche schulen auffrichtenn vnd halten sollen.
Martinus Lutther. Wittemberg. M. D. X X iiij.

Lasst die kynder tzů mir komen vnnd weret yhnen nicht Mat .19.

{2} VACAT

{3} An die Burgermeyster vnd Radherrn
allerley stedte yn Deutschen landen
Martinus Luther.

GNad vn̄ frid von Got vnßerm vater vn̄ herrn Jhesu Christo. Fůrsichtigen weyßen lyeben herrn / Wye wol ich nu wol drey jar verbannet vnd yhnn dye acht gethan / hette sollen schweygen / wo ich menschen gepot mehr den Got ge schewet hett / wye den auch vyel yhnn deutschen landen / beyde gros vnd kleyn / meyn reden vnd schreiben auß der selben sach noch jmer verfolgen / vnnd vyel bluts drůber vergyessen. Aber weyl myr Got den mund auff gethan hat vnd mich heyssen reden / datzů so krefftiglich bey myr stehett / vn̄ meyne sache / on meynen rad vnd that / so vyel stercker macht vnd weytter auß breyt / so vyel sie mer toben / vnd sich gleych stellet / als lache vn̄ spotte er yhrs tobens / wye der ander psalm sagt. An wilchem alleyne merckenn mag / wer nicht verstockt ist / das dyse sache můß Gótes eygē seyn. Syntemal sich die art Gótlichs worts vnnd wercks hye euget / wilchs alltzeyt / denn am meysten tzůnimpt / wen mans auffs hóhist verfolget vnd dempffen wyl.

An die Ratsherren aller Städte deutschen Landes,
dass sie christliche Schulen aufrichten und halten sollen
Martin Luther. Wittenberg. 1524

Lasset die Kinder zu mir zu kommen und wehret ihnen nicht
(Mt 19,14).

An die Bürgermeister und Ratsherren
von Städten aller Art in deutschen Landen.
Martin Luther.

1 Einleitung: Luther schreibt trotz seiner Lage in Acht und Bann

Gnade und Friede von Gott unserem Vater und dem Herrn Jesus Christus! Umsichtige, weise, liebe Herren! Zwar hätte ich nun wohl schon drei Jahre als Gebannter und Geächteter[L] schweigen sollen, wenn ich der Menschen Gebote mehr als Gott gescheut hätte; so verfolgen denn auch in deutschen Landen viele Große und Kleine aus demselben Grund immer noch alles, was ich sage und schreibe, und vergießen viel Blut deswegen.[L] Aber weil Gott mir nun den Mund aufgetan und mir zu reden befohlen hat und mir dazu so kräftig beisteht und meine Sache ohne meinen Rat und mein Zutun umso stärker macht und umso weiter ausbreitet, je mehr sie toben, und sich stellt, als lache und spotte er über ihr Toben, wie der zweite Psalm [2,4] sagt: An dem allein schon kann, wer nicht verstockt ist, merken, dass diese Sache Gottes eigene Sache sein muss, denn hier zeigt sich die Art göttlichen Wortes und Werkes, welches immer dann am meisten zunimmt, wenn man es am härtesten verfolgt und unterdrücken will.

Darumb wil ich reden (wye Jsaias sagt) vn̄ nicht schwey gen / weyl ich lebe / byß das Christus gerechtigkeyt auß breche wye eyn glantz / vnd seyn heylbertige gnad wye eyn lampe antzůndet werde / vnd bitte nu euch alle meyne lyeben herrn vnd frůnde / wôltet dyse meyne schrifft vnnd ermanung frůndlich annemen vnd tzů hertzen fassen. Den / ich sey gleych an myr sel ber / wie ich sey / so kan ich doch fur Got mit rechtem gewissen rhůmen / das ich darynnen nicht das meyne suche / wilchs ich vyel bas môcht mit stille schweygen vberkomen / sondern mey ne es von hertzen trewlich mit euch vnd gantzem deutschenn land / da hyn mich Got verordenet hat / es glewbe odder glew be nicht / wer do wyl. Vnd wyl ewer lyebe das frey vn̄ getrost [zugesagt vnd angesagt haben / das wo yhr mir hierinn gehorchet][1] / {4} on zweyffel nicht mir / sondern Christo gehorchett. Vnd wer myr nicht gehorchet / nicht mich / sond'n christon veracht. Den ich weiss ye woll / vnd byn gewiss / was vnd wo hin ich rede odder leer / so wirds auch yedermann wol selbs spůren / so ehr meyne lere recht wil ansehen.

1 *Diese Zeile der Wittenberger Ausgabe ist im Erfurter Druck ganz ausgefallen.*

Auffs erst / erfaren wir yetzt in deutschen landen durch vn̄ durch / wie mann allenthalben dye schulen tzůr gehen lest / dye hohen schulen werden schwach / klôster nemen ab / vnd wyl so lichs gras důrre werden / vnd dye blume felt dahyn / wie Jsaias sagt / weyl der geyst Gottis durch seyn wordt dreyn webet[¢] / vnd scheynet so heys drauff durch das Euangelion. Den nu durch das wort Gottis kund wirt / wie solch wesen vnchristlich vnd nur auff den bauch gericht sey. Ja weyll der fleysch liche hauffe siehet / das sie yhre

Darum will ich reden (wie Jesaja [62,1] sagt) und nicht schweigen, solange ich lebe, bis Christi Gerechtigkeit hervorbreche wie ein Glanz und seine heilbringende Gnade wie eine Lampe angezündet werde, und ich bitte nun euch alle, meine lieben Herren und Freunde, ihr möget diese meine Schrift und Ermahnung freundlich aufnehmen und euch zu Herzen nehmen. Denn mag ich selbst sein, wie ich bin, so kann ich mich doch vor Gott mit aufrichtigem Gewissen dafür rühmen, dass ich hierin nicht das Meine suche – dazu könnte ich ja viel besser kommen, wenn ich still schwiege –, sondern dass ich es von Herzen treulich mit euch und dem ganzen deutschen Land meine, wohin mich Gott bestimmt hat, mag es glauben oder nicht glauben, wer da will. Und ich will euer Liebe das freimütig und getrost versprochen und vorausgesagt haben: Wenn ihr mir hierin gehorcht, so gehorcht ihr ohne Zweifel nicht mir, sondern Christus, und wer mir nicht gehorcht, der verachtet nicht mich, sondern Christus [vgl. Lk 10,16]. Denn ich weiß ja wohl und bin dessen gewiss, was und auf welches Ziel hin ich rede oder lehre; ebenso wird es wohl auch jedermann selbst spüren, wenn er meine Lehre recht ansehen will.

2 Neue Schulen müssen errichtet werden

2.1 Dem teuflischen Verfall des Schulwesens muss man entgegentreten

2.1.1 Die Krise des Schulwesens ist eine Folge der Haltung der Eltern

Erstens machen wir zur Zeit in deutschen Landen durch und durch die Erfahrung, dass man überall die Schulen zugrunde gehen lässt: Die Hochschulen werden schwach und die Klöster nehmen ab.[S] Und zwar will dieses Gras dürre werden und die Blume fällt dahin, wie Jesaja [40,6 ff.] sagt, weil der Geist Gottes durch sein Wort hineinweht und durch das Evangelium so heiß darauf scheint. Denn nun wird durch das Wort Gottes kund, wie sehr dieses [Schul]wesen unchristlich und nur auf den Bauch gerichtet ist. Ja, weil der

sóne / tóchter vnd freunde / nicht mehr sollen odder můgen in klóster vnd stifft verstossen / vnd aus dem hause vnd gut weysen / vnd auff frembde gůtter setz en / wil nyemand mer lassen kinder leren noch studiern. Ja sagen sie / Was sol man lernen lassen / so nicht Pfaffen / Můnich vnd Nonnen werden sollen? Mann las sie so mehr leren / da mit sie sich erneren.

Was aber solche leut fur andacht vnd ym syn haben / tzeuget gnugsam solch yr eygen bekentnus. Den wo sie hetten nicht allein den bauch vnd tzeytliche narung fur yre kinder gesucht in klóstern vnd stifften oder ym geystlichen stand / vnnd were yr ernst gewest / der kinder heyl vnd seligkeyt zů suchen / so wur den sie nichtt so dye hende ablassen vnd hynfallen vnd sagen Sol der geystliche stand nichts seyn / so wóllen wir auch das leren lassen anstehen vnd nichts datzů thůn / sondern wůrden also sagenn / Jsts war wie das Enangelion¢ leret / das solcher stand vnsern kindern ferlich ist / Ach lieber so leret vnns doch eyne ander weyse / die Got gefellig vnd vnsern kyndern seliglich sey. Den wyr wólten ja gerne vnsern lieben kyndern nicht alleyn den bauch / sondern auch dye seel versorgen / das werdē freylich rechte Christlich trewe eltern vō solchen sachē reden.

{5} Das aber der bóse teufel sich also zur sache stellet / vn̄ gibet solchs eyn den fleischlichē welthertzen / die kinder vn̄ das junge volck so tzůuerlassen / ist nycht wunder / vn̄ wer wils jn ver denckē? Er ist ein furst vn̄ got der welt / Dz er nu des solt eyn gefallen tragē / das im seine nester / die klóster vn̄ geistliche rottē verstóret werden durchs Euāgelion / jn wilchen er aller meyst das junge volck v'derbet / an wilchen im gar viell / ja gantz vn̄ gar gelegen

fleischlich [gesinnte] Haufe sieht, dass sie ihre Söhne, Töchter und Freunde nicht mehr in Klöster und Stifte stecken sollen oder wollen, und [sie] sie aus dem Haus und Besitz weisen und auf fremde Güter setzen,[R] will niemand mehr Kinder lernen und studieren lassen. »Ja«, sagen sie, »was soll man sie lernen lassen, wenn sie nicht Pfaffen, Mönche und Nonnen werden sollen? Man lasse sie so mehr lernen, damit sie sich ernähren!«

Was aber diese Leute für eine Absicht und im Sinn haben, davon zeugt zur Genüge dieses ihr eigenes Bekenntnis. Denn wenn sie nicht bloß [das Wohl für] den Bauch und zeitlich [begrenzte] Nahrung für ihre Kinder in den Klöstern und Stiften oder im geistlichen Stand gesucht hätten[R] und wenn es ihnen damit Ernst gewesen wäre, das Heil und die Seligkeit der Kinder zu suchen, so würden sie nicht in dieser Weise die Hände sinken lassen und es aufgeben und sagen: »Soll es mit dem geistlichen Stand nichts sein, so wollen wir auch das Lehren dahingestellt sein lassen und nichts dazu tun.« Sondern sie würden so sagen: »Ist es wahr, wie das Evangelium es lehrt, dass dieser Stand für unsere Kinder gefährlich ist, ach bitte, so lehrt uns doch eine andere Weise, die Gott gefällig und unseren Kindern heilbringend ist. Denn wir wollen ja gerne unseren lieben Kindern nicht nur für den Bauch, sondern auch für die Seele sorgen.« Das werden gewiss rechte, christliche, treue Eltern von diesen Dingen reden!

2.1.2 Die Krise des Schulwesens ist ein bewusstes Werk des Teufels

Dass aber der böse Teufel sich so zur Sache stellt und es den fleischlich [gesinnten] Weltherzen eingibt, die Kinder und das junge Volk so zu vernachlässigen, ist kein Wunder, und wer will es ihm verdenken? Er ist ein Fürst und Gott dieser Welt [Joh 14,30]. Dass er nun daran ein Gefallen haben sollte, wenn ihm seine Nester, die Klöster und geistlichen Rotten[R] durchs Evangelium zerstört werden, in denen er am allermeisten das junge Volk verdirbt, an dem ihm sehr

ist / wie ists mů̊glich? Wie solt er das zů̊geben od' anregen / dz man jung volck recht auff tzihe? ja ein narre were [er] dz er yn seinem reich solt das lassen vn̄ helffen auffrichten / da durch es auffs aller schwindest mů̊ste zů̊ bodē gehen / wie den geschehe / wo er das niedliche bißlin die liebe jugent verlôre / vn̄ leiden muste / das sie mit seiner kôste vn̄ gů̊tter erhalten wů̊rdē tzů̊ Gottis dienst.

Darūb hat er fast weyslich than tzů̊ der tzeit da die Christen jre kinder Christlich auff tzogē vn̄ lerē liessen. Es wolt jm der junge hauffe zů̊ gar entlauffen vn̄ in seinē reich ein vnleidlichs auffrichtē. Da fur er tzů̊ / vn̄ breittet seine netze auß / richte / soliche klôster / schulen vnd stende an / das es nicht mů̊glich war / das ym eyn knabe het sollē entlauf en on / sond'lich gotis wunder Nu er aber sihet / das dise stricke durchs Gottis wort verraten werden / feret er auff dye ander seytten / vnd wil nu gar nichts lassen lernen. Recht vnd weyß lich thut er abermal fur seyn reych tzů̊erhalten / das im der junge hauffe ja bleib. Wen er den selben hat so wechst ehr vnter ym auff / vn̄ bleibt sein / wer wil ym etwas neme? Er behelt die welt den wol mit friden ynnen. Den wo ym sol ein schaden ge schehen / der da recht beysse / der muss durchs junge volck geschehen / das ynn Gottis erkentnis auff wechst vnnd Gottis wort auß breyttet vnd ander leret.

Nyemandt / nyemandt gleubt / wylch eynn schedlichs teuffelysch furnemen das sey / vnnd gehet doch so styll daher / das niemant merckt / vnd wil den schaden gethan habenn / ehe mann radten / weren vnnd helffen kann. {6} Man furcht sich fur tů̊rcken vnd kriegen vnd wassern / denn da verstehet man was schaden vnd

viel, ja überhaupt alles gelegen ist: Wie ist das möglich? Wie sollte er das zugeben oder anregen, dass man das junge Volk recht aufziehe? Ja, ein Narr wäre er, wenn er in seinem Reich etwas zulassen und aufzurichten helfen würde, wodurch es in allerkürzester Zeit zugrunde gehen müsste! Das geschähe dann, wenn er das leckere Bisslein, die liebe Jugend, verlöre und es erdulden müsste, dass sie auf seine Kosten und mit seinen Gütern zu Gottes Dienst angehalten würde.

Darum hat er [der Teufel] sehr weise gehandelt in jener Zeit, als die Christen ihre Kinder christlich aufzogen und lernen ließen. Es wollte ihm die junge Schar zu sehr entlaufen und in seinem Reich etwas [für ihn] Unerträgliches errichten. Da fuhr er los und breitete seine Netze aus und richtete diese Klöster, Schulen[S] und Stände ein, dass es nicht möglich war, dass ihm ein Knabe hätte entlaufen können ohne ein besonderes Wunder Gottes. Jetzt aber, wo er sieht, dass diese Fallstricke durch Gottes Wort verraten werden, schlägt er sich auf die andere Seite und will nun gar nichts lernen lassen. Recht und weise handelt er auch diesmal, um sein Reich zu erhalten, damit ihm die junge Schar ja bleibe. Wenn er sie hat, so wächst sie unter ihm auf und bleibt sein eigen; wer will ihm etwas nehmen? Er behält die Welt dann wohl unangefochten in seiner Gewalt. Denn wenn ihm ein Schaden geschehen soll, der ihn richtig beißt, so muss ihm der durch das junge Volk angetan werden, das in der Erkenntnis Gottes aufwächst und Gottes Wort ausbreitet und andere lehrt.

2.1.3 Die Finanzierung der Schulen kann gesichert werden

Niemand, niemand glaubt, was für ein schädliches, teuflisches Unternehmen das ist; und es geht doch so still vor sich, dass niemand es bemerkt, und wird den Schaden angerichtet haben, ehe man raten, wehren und helfen kann. Man fürchtet sich vor Türken und Kriegen und [Hoch-]Wassern, denn da versteht man, was Schaden und

frum̅en sey. Aber was hie der teuffel ym syn hat / sihet nyemand / furcht auch nyemand / gehet still ereyn. So doch hye billich were / das / wo man einen gulden gebe wider die tůrcken tzů streytten / wen sie vns gleich auff dem halse legen / hye hundert gulden geben wůrdenn / ob man gleych nůr eynenn knaben kund damit auff ertzihen das eyn rechter Christen man wůrde. Sintemal eyn recht Christen mensch besser ist / vnd mehr nutzs vermag / den alle menschen auff erden.

Der halben bit ich euch alle meyne lyeben herrn vnd freunde vmb Gottis willen vnd der armen jugent willen / wǒllet dise sache nicht so geringe achten / wye viel thůn die nicht sehen / was der welt fůrst gedenckt. Den es ist eyn ernste grosse sache da Christo vnd aller welt vyel anligt / das wyr dem jungen volck helffen vnd raten. Da mit ist den auch vns vnd allen geholffen vnd geratten. Vnd denckt / das soliche stil le / heymliche / tůckische anfechtunge des teuffels wyl mit grossem Christlichen ernst geweret seyn. Lyeben herrnn / můß man jerlich so viel wenden an bůchsen / wege / stege / demme / vnd der gleychen vntzelichen stucke mer / da mit eyn stad tzeytlich fride vnd gemach haben. Warumb solt man nicht viel mer / doch auch so viel wenden an dye důrfftige arme jugent / das mann eynen geschickten man oder tzween hyelte tzů schulmeystern?

Auch sol sich eyn jglicher burger selbs das lassen bewegn̅ / hat er byß her so vyel gelts vn̅ gůts an ablas / messen / vigilien / stifften / testament / jartagenn / bettel můnchen / bruderschafften / walffarten vnd was des geschwůrms mer ist / verlieren můssen / vnd nu hynfurt / von Gottis gnaden / solches raubens vn̅ gebens loß ist / wǒlt doch Got tzů danck vnd zů eren / hynfurt des selben eyn teyl tzůr schulen geben / dye armenn kynder auff zůtzihē / das so hertzlich wol angelegt ist / so er doch hette můst wol tzehen mal so viel vergebens den obgenanten reubern vn̅ noch mer geben

Vorteil ist. Aber was hier der Teufel im Sinn hat, das sieht niemand, fürchtet auch niemand: Das geht still vor sich. Und doch, gäbe man *einen* Gulden für den Kampf gegen die Türken, auch wenn sie uns auf dem Hals lägen, so wäre es hier billig, dass da 100 Gulden gegeben würden, auch wenn man nur einen einzigen Knaben damit so aufziehen könnte, dass es ein rechter Christenmann würde. Denn ein rechter Christenmensch ist besser und kann mehr nützen als alle Menschen auf Erden.

Deshalb bitte ich euch alle, meine lieben Herren und Freunde, um Gottes willen und um der armen Jugend willen, ihr möchtet diese Sache nicht so gering achten, wie viele es tun, die nicht sehen, was der Fürst der Welt [also der Teufel] beabsichtigt. Denn es ist eine ernste, wichtige Sache, an der Christus und aller Welt viel gelegen ist, dass wir dem jungen Volk helfen und raten; damit ist dann auch uns und allen geholfen und geraten. Und bedenkt, dass dieser stille, heimliche, tückische Angriff des Teufels mit großem christlichem Ernst abgewehrt werden muss. Liebe Herren, muss man jährlich so viel aufwenden für Schusswaffen, Wege, Stege, Dämme und sonst noch unzählige ähnliche Dinge, damit eine Stadt zeitlich [begrenzten] Frieden und Ruhe habe – warum sollte man nicht vielmehr doch ebensoviel aufwenden für die bedürftige, arme Jugend, indem man einen geeigneten Mann oder zwei als Schulmeister beschäftigte?

Auch sollte jeder einzelne Bürger selbst sich von Folgendem bewegen lassen: Hat er bisher so viel Geld und Gut für Ablässe[W], Messen[G], Vigilien[G], Stiftungen[W], Vermächtnisse[W], Jahrtage[G], Bettelmönche[W], Bruderschaften[R], Wallfahrten[W] und was derlei Gewimmel mehr ist, verlieren müssen, und ist er nun in Zukunft durch Gottes Gnade dieses Rauben und Geben losgeworden, so wolle er doch Gott zu Dank und zu Ehren in Zukunft einen Teil davon für die Schule geben, um die armen Kinder aufzuziehen, wo es so herzlich gut angelegt ist. Er hätte doch gut zehnmal so viel und noch mehr den oben genannten Räubern ewig ohne Entgelt geben müssen, wenn

ewyglich / wo solch liecht des Euāgelij nicht {7} komen were / vnd yn dauon erlôset hette / vnd erkenne doch / dz / wo sich das weret / beschweret / sperret vnd tzerret / das gewyßlich der teuffel da sey / der sich nicht so sperret / da mans tzů klôstern vnd messen gab / ja mit hauffen dahin treyb. Den er fulet / das dys werck nicht seynes dinges ist. So last nu dyß dye erste vrsach seyn / alle lyeben herrn vnd frůnde / die euch bewegen sol / das wyr hyrynn dem teuffell wydder stehen / als dem aller schedlichsten heymlichen feynde.

Dye ander / das / wye .S. Paulus sagt .2. Cor. 6. Wyr dye gnade Gottis nicht vergeblich empfahen vnd dye selige tzeytt nicht verseumen. Denn Got der almechtige hat fur war vns deutschenn jetzt gnediglich daheymen gesucht / vnd eyn recht gůlden jar auff gericht. Da haben wyr jetzt dye feynsten gelertisten junge gesellen vnd menner / mit sprachen vnd aller kunst gezyert / weliche so woll nutz schaffenn kůndten / wo man yhr brauchē wôlt / das junge volck tzů leren. Jsts nicht fur augen das man jetztt eynen knaben kan ynn dreyen jaren tzů richten / das er yn seynem funfftzehenden odder achtzehenden jar meher kan / den byßher alle hohen schulenn vnd klôster gekundt haben? Ja was hat man gelernt yn hohen schulen vnd klôstern byßher / den nůr esel / klôtz / vnd bloch werden? tzwentzig / vyertzig jar hat eyner gelernt / vnd hat noch wider lateinisch noch deutsch gewust. Jch schweyge das schendlich lesterlich leben darynnen dye edle jugent so jemerlich verderbt ist.

dieses Licht des Evangeliums nicht gekommen wäre und ihn davon erlöst hätte. Und so möge er doch erkennen: Wenn sich hier etwas wehrt, beschwert fühlt, sperrt und zerrt, so steckt gewiss der Teufel dahinter, der sich nicht so sperrte, als man es zu Klöstern und Messen[G] gab, ja, es haufenweise dahin schob. Denn er fühlt, dass dieses Werk nicht in seinem Interesse ist. So lasst nun dies den ersten Grund sein, alle lieben Herren und Freunde, der euch dazu bewegen soll, dass wir hierin dem Teufel widerstehen als dem allerschädlichsten, heimlichen Feind.

2.2 Jetzt ist die gottgegebene Gelegenheit zur Errichtung neuer Schulen

2.2.1 Jetzt gibt es gute Lehrer für die (Alten) Sprachen

Ein zweiter Grund ist, dass wir, wie Sankt Paulus sagt 2. Kor 6 [1 f.], die Gnade Gottes nicht vergeblich empfangen und die günstige Zeit nicht versäumen sollen. Denn Gott der Allmächtige hat fürwahr uns Deutsche jetzt gnädig heimgesucht und ein rechtes Jubeljahr[W] eingerichtet. Da haben wir jetzt die feinsten, gelehrtesten jungen Gesellen und Männer, die mit [Kenntnis der] Sprachen und aller Wissenschaft geziert sind;[S] die könnten so gut Nützliches leisten, wenn man sie dazu brauchen wollte, das junge Volk zu lehren. Liegt es nicht vor Augen, dass man jetzt einen Knaben in drei Jahren so ausbilden kann, dass er im Alter von 15 oder 18 Jahren mehr kann, als bisher alle Hochschulen und Klöster gekonnt haben? Ja, was hat man bisher in Hochschulen[S] und Klöstern anderes gelernt als Esel, Klötze und Blöcke werden? 20, 40 Jahre hat einer gelernt und hat dennoch weder Lateinisch noch Deutsch gekonnt.[S] Ich schweige von dem schändlichen, lästerlichen Leben, in dem die edle Jugend so jammervoll verderbt worden ist.

War ists / ehe ich wolt / das hohe schulen vnd kloͤster blieben so / wye sie byß her gewesen sind / das keyn ander weyse tzů leren vnd leben solt fur dye jugent gebraucht werden / woͤlt ich ehe / das keyn knabe nymer nichts lernte vnd stum were. Denn es ist meyn ernste meynung / bit vnd begirde das dyse esel stelle vnd teuffels schulen entweder yn abgrund versůncken / odder tzů Christlichen schulen verwandelt werden. Aber nu vnns Got so reychlich begnadet / vnd solicher leut die menge geben hat / dye das junge volck feyn leren vnd tzyhen můgen / War{8}lich so ist not / das wir dye gnade Gottis nicht yn wind schla hen / vnd lassen jnn nicht vmb sonst anklopffen. Er stehet fur der thůr / wol vns / so wir ym auff thůn. Er grusset vnns / selig der yhm antworttet. Versehen wirs / das er fur vber gehet / wer wil yn wydder holen?

Last vns vnsern vorigen yamer ansehen vnd die finsternis / darynnen wir gewest sind. Jch acht / das deutsch land / noch nye so viel von Gottis wort gehoͤret habe / als jtzt. Man spůrt ye nichts yn der historien dauon / lassen wirs den so hin gehen on danck vnd ere / so ists zů besorgen / wyr werden noch greulicher finsternis vnnd plage leydenn. Lyeben deutschen / keufft weyl der marck fur der thůr ist / samlet ein / weyl es schey net vnd gut wetter ist / braucht Gottis gnaden vn̄ wort / weyll es da ist. Den das solt yr wissen / Gottis wort vnnd gnade ist eyn farender platz regen / der nicht wider kompt / wo er ein mal gewesen ist. Er ist bey den Juden gewest / aber hyn ist hyn / sie haben nu nichts. Paulus bracht in yhn kriechen land. Hyn ist auch hyn / nu haben sie den Tůrcken. Rom vnnd lateynisch land hat in auch gehabt / hyn ist hyn / sie haben nu den Babst Vnd yr deutschenn durfft nicht dencken / das yhr yhnn ewyg haben [werdet] <werden> / Den der vndanck vnnd

2.2.2 Eine Rückkehr zum alten Schulwesen verbietet sich

Wahr ist es: Ehe ich wollte, dass Hochschulen und Klöster so blieben, wie sie bisher gewesen sind,[S] so dass keine andere Weise des Lehrens und Lebens für die Jugend genutzt würde, wollte ich lieber, dass ein Knabe niemals etwas lernte und stumm wäre. Denn es ist meine ernsthafte Meinung, meine Bitte und mein Wunsch, dass diese Eselsställe und Teufelsschulen entweder im Abgrund versänken oder in christliche Schulen umgewandelt würden. Aber da uns nun Gott so reichlich begnadet und solche Leute in Menge gegeben hat,[S] die das junge Volk fein lehren und erziehen können, wahrlich, so ist es nötig, dass wir die Gnade Gottes nicht in den Wind schlagen und ihn nicht umsonst anklopfen lassen. Er steht vor der Tür: Wohl uns, wenn wir ihm auftun! Er grüßt uns: Selig, wer ihm antwortet! Übersehen wir es, dass er vorübergeht, wer will ihn zurückholen?

2.2.3 Jetzt muss man das so reich gegebene Gotteswort erfassen

Lasst uns unseren früheren Jammer ansehen und die Finsternis, in der wir gewesen sind! Ich meine, dass das deutsche Land noch nie so viel von Gottes Wort gehört habe wie jetzt. Man liest jedenfalls nicht in der Historie davon. Lassen wir es denn so hingehen ohne Dank und Ehrung, so ist zu befürchten, dass wir noch schrecklichere Finsternis und Plage werden erleiden müssen. Liebe Deutsche, kauft, solange der Markt vor der Türe ist; sammelt ein, solange die Sonne scheint und gutes Wetter ist; gebraucht Gottes Gnade und Wort, solange es da ist! Denn das sollt ihr wissen: Gottes Wort und Gnade ist ein vorbei eilender Platzregen, der nicht wieder dahin kommt, wo er einmal gewesen ist. Er ist bei den Juden gewesen: Aber hin ist hin; sie haben nun nichts. Paulus brachte ihn nach Griechenland: Hin ist auch hin; nun haben sie den Türken. Rom und das lateinische Land hat ihn auch gehabt: Hin ist hin; sie haben nun den Papst. Und ihr Deutschen dürft nicht denken, dass ihr ihn

verachtung wyrdtt yhn nicht lassen bleyben. Drumb greyff tzů vnnd halt tzů / wer greiffen vnd halten kan / faule hende můssen ein bósses jar haben.

[Die] <Der> dritte / ist wol die allerhóhist / nemlich Gottis gepot / der durch Mose so offt treibt vnd fodert / dye eltern sollen dye kynder lerenn / das auch der .77: Psalm spricht / Wye hat ehr so hoch vnsern vettern [/] <l> gepotten den kyndern kundt tzů thůn / vnd tzů leren kynds kynd. Vnnd das weyset auch auß / das vierde gepot Gottis / do ehr der eltern gehorsam den kyndern so hoch gepeut / das man auch durchs gericht tódten sol vngehorsame kinder. Vnd warumb leben wyr allten anders / den das wyr des jungen volcks warten / ler<n>en vnd aufftzyhen? {9} Es ist je nicht můglich / das sich das tolle volck solt selbs leren vnd halten / darumb hat sie vns Got befolhen / dye wir alt vnd erfaren sind / was yhnn gůt ist / vnd wird gar schwerlich rechnung von vns fur dye selben fodern. Darum̄ auch Mose befilht Deutero .32. vnd spricht. Frage deynen vater der wyrd dyrs sagen / die alten die werden dyrs tzeygen

Wye wol es sunde vnd schande ist / das da hyn mitt vns komen ist / das wyr aller erst reytzen vnd vns reytzen sollen las sen / vnsere kinder vnd junges volck tzů tzyhen vnd jhr bestes dencken / so doch das selb vns dye natur selbs soltt treyben / vn̄ auch der heyden exempel vns manichfeltig weisen. Es ist kein vnuernůnfftig thier / das seyner jungen nicht wartet vnd leret / was yn gepůrt / on der

ewig haben werdet. Denn der Undank und die Verachtung wird ihn nicht dableiben lassen. Darum greife zu und halte fest, wer greifen und halten kann. Faule Hände müssen ein böses Jahr haben!

2.3 Die Bildung von Kindern ist ein Gebot Gottes

2.3.1 Gottes Wort verlangt, dass Eltern ihre Kinder unterrichten lassen

Der dritte Grund ist wohl der allerhöchste, nämlich das Gebot Gottes. Er drängt und fordert durch Moses so oft, die Eltern sollen die Kinder lehren, dass auch der 77. Psalm [Ps 78,5 f.] sagt: »Wie hat er es unseren Vätern so streng geboten, den Kindern Kunde zu geben und die Kindeskinder zu lehren!« Und das beweist auch das vierte Gebot Gottes, wo er den Kindern den Gehorsam gegen die Eltern so streng gebietet, dass man ungehorsame Kinder sogar durchs Gericht töten soll [5. Mose 21,18 ff.]. Und zu welchem anderen Zweck leben wir Alten, als dass wir das junge Volk pflegen, lehren und aufziehen? Es ist ja nicht möglich, dass das verrückte Volk sich selbst lehren und anhalten sollte. Darum hat Gott sie uns anbefohlen, die wir alt sind und aus Erfahrung wissen, was ihnen gut ist, und er wird von uns gar schwere Rechenschaft für sie fordern. Darum befiehlt sie uns auch Moses Deuteronomium 32 [5. Mose 32,7] und sagt: »Frage deinen Vater, der wird es dir sagen; die Alten, die werden dir es zeigen.«

2.3.2 Auch die Natur verlangt, dass die Alten für die Jungen sorgen

Obwohl es eine Sünde und Schande ist, wenn es mit uns so weit gekommen ist, dass wir überhaupt erst dazu antreiben und uns antreiben lassen müssen, unsere Kinder und unser junges Volk zu erziehen und an ihr Bestes zu denken, so sollte doch die Natur selbst uns dazu treiben, und auch das Vorbild der Heiden sollte uns mannigfaltige Weisung geben. Es gibt kein vernunftloses Tier, das

straus / da Got von sagt Job .31. das er gegen seyne jungen so hart ist / als weren sie nicht seyn / vnd lest seyne eyer auff der erden lyegen. Vnd was hůlffs / das wir sonst alles hetten vnd thetten vnd weren gleych eyttel heyligē / so wir das vnter wegen lassen / darumb wyr aller meyst leben nemlich / des jungen volcks pflegen? Jch acht auch / das vnter denn eusserlichen sunden / dye welt fur Got vonn keyner ßo hoch beschweret ist / vn̄ so grewliche straffe verdienet / als eben von dyser / dye wir an den kindern thun / dz wir sie nicht zeyhē $

Da ich jung war / fůret man ynn der schulen eyn spricht wort. Non minus est negligere scholarem / quam corrumpere virginem. Nicht geringer ist es eynē schuler verseumen / den eyne jungfraw schwechen. Das sagt man darumb / das man dye schulmeyster erschrecket / den man wiste datzů mal keynn schwerer sunde / den jungfrawenn schendenn. Aber / lieber herr got dw je[1] gar viel geringer ists jungfraw oder weiber schenden (wilchs doch als eyn leybliche erkandte sunde mag gebůs set werden) gegen diser / da dye edlen seelen verlassen vnnd geschendet werden / da soliche sunde auch nycht geachtet noch erkennet vnd nymer gebůsset wird? O wehe der welt ymer vn̄ ewiglich. Da werden teglich kynder geporn vnd wachsen bej {10} vns daher / vnd ist leyder niemand / der sich des armen jungen volcks an neme vnd regire / da lest mans gehenn / wie es gehet. Die klőster vnd stiffte soltens thůn / so sind sie eben dy / von denen Christus sagt. We der welt vmb der ergernisse willen / wer dieser jungen eynen ergert die an mich gleubē / dem wer es besser einen můlstein an den hals gehenckt / vn̄ yns meer gesenckt da es am tieffesten ist. Es sind nůr kinderfresser vnd verderber.

1 *In der Wittenberger Erstausgabe von 1524 steht »dwie«, sicher ein Satzfehler; s. Pietsch 1899 (s. o. S. 13), 811.*

seine Jungen nicht pflegt und sie lehrt, was sich für sie gehört, außer dem Strauß, von dem Gott Hiob 31 [39,14.16] sagt, er sei gegen seine Jungen so hart, als wären sie nicht seine, und er lasse seine Eier auf der Erde liegen. Was hülfe es, wenn wir sonst alles hätten und täten und geradezu lauter Heilige wären, und unterließen das, um dessentwillen wir hauptsächlich leben: nämlich das junge Volk zu pflegen? Ich meine auch, die Welt sei vor Gott durch keine unter den äußeren Sünden so schwer belastet und verdiene von keiner so schreckliche Strafe als eben von dieser, die wir an den Kindern begehen, indem wir sie nicht erziehen.

Als ich jung war, führte man in der Schule ein Sprichwort an: *Non minus est negligere scholarem quam corrumpere virginem,* »Nicht geringfügiger ist es, einen Schüler zu vernachlässigen, als eine Jungfrau zu schwächen.« Das sagte man, um die Schulmeister zu schrecken; denn man wusste dazumal keine schwerere Sünde als Jungfrauen zu schänden. Aber lieber Herr Gott, wie sehr viel geringfügiger ist es, Jungfrauen oder Frauen zu schänden (was doch als eine leibliche Sünde erkannt ist und gesühnt werden kann), im Vergleich mit dieser, bei der die edlen Seelen im Stich gelassen und geschändet werden, da diese Sünde nicht einmal beachtet und erkannt und nie gesühnt wird? O weh der Welt immer und ewiglich! Da werden täglich Kinder geboren und wachsen bei uns heran, und leider ist niemand da, der sich des armen jungen Volks annimmt und Anleitung gibt. Da lässt man es gehen, wie es geht. Die Klöster und Stifte sollten es tun;[S] doch sind es gerade sie, von denen Christus sagt [Mt 18,7.6]: »Wehe der Welt um der Ärgernisse willen! Wer einem dieser Jungen, die an mich glauben, Ärgernis gibt, dem wäre es besser, dass ein Mühlstein an seinen Hals gehängt und er ins Meer versenkt würde, wo es am tiefsten ist.« Es sind nur Kinderfresser und -verderber.

Ja sprichstu / solchs alles ist den eltern gesagt / was gehet dz die radherrn vn̄ oberkeit an? Jst recht geredt / ja wie wen die el tern aber solchs nicht thůn? wer solls den thůn? solls drumb nach bleyben vn̄ die kindern verseumet werden? Wo wyl sich da dye oberkeit vnd Rad entschuldigen / das jnen solchs nicht sollt gepůren? Das es vō den eltern nicht geschicht / hat manch erley vrsach.

Auffs erst / sind etliche auch nicht so frum̄ vn̄ red lich / das sie es thetten / ob sie es gleich kundten / sondern wie die strausse / herten sie sich auch gegen yre jungen / vnd lassens da bey bleyben / das sie die eyer vonn sich geworffen vnnd kinder tzeuget haben / nicht mer thun sie datzů. Nu dise kinder sollen dennoch vnter vns vnd bey vns leben yn gemeiner stad. Wye wil den nu vernunfftt vn̄ sonderlich Christliche liebe / das leyden / das sie vngetzogen auff wachßen / vn̄ den andern kynder gyfft vnd schmeysse seyen / damit tzů letzst eyn gantze stad ver derbe / wye es den tzů Sodom vnd Gomorra vnd Gaba vn̄ etlichen mer stedten ergangen ist. Auffs ander / so ist der grόssest hauffe der eltern leyder vn geschickt datzů / vnd nichtt weys / wye man kinder tzyhen vnd lernen sol. Den sie nichts selbs gelernet haben / on den bauch v'sorgen / vnd gehόren sonderliche leut datzů / die kinder woll vn̄ recht leren vnd tzihen sollen. Auffs dritte / ob gleych die elltern geschyckt weren vnnd woltens gerne selbs thun / so habenn sie fur andern gescheffften vnd haus halten wyd' zeyt noch raum datzů / also das die not tzwinget / gemeine tzůchtmeister fur die kynder tzů halten / Es wolte den eyn jglicher fur sich selbs ey{11}nen eygen haltē / aber das wůrde dem gemeinē man tzů schwere / vnd wůrde abermal manch feyn knabe vmb armuts wyllen verseumet. Datzů / so sterben viel eltern vnd lassen

3 Der Aufbau der neuen Schulen ist Aufgabe der Ratsherren

3.1 Da die Eltern versagen, müssen die Ratsherren tätig werden

»Ja«, sprichst du, »das alles ist den Eltern gesagt; was geht das die Ratsherren und die Obrigkeit an?« Das ist richtig bemerkt. Ja, wie aber, wenn die Eltern das nicht tun? Wer soll es dann tun? Soll es deshalb unterbleiben und die Kinder vernachlässigt werden? Womit will sich da die Obrigkeit und der Rat entschuldigen, dass ihnen das nicht gebühren sollte? Dass es von den Eltern nicht geschieht, das hat mancherlei Ursachen.

Erstens sind einige nicht einmal so pflichtbewusst und rechtschaffen, dass sie es tun, obwohl sie es könnten; sondern wie die Strauße [Hiob 39,14.16; s. o.] verhärten auch sie sich ihren Jungen gegenüber und lassen es dabei bewenden, dass sie die Eier von sich geworfen und Kinder gezeugt haben; nicht mehr tun sie dazu. Nun, diese Kinder sollen trotzdem unter uns und bei uns leben im städtischen Gemeinwesen. Wie will denn nun die Vernunft und insbesondere die christliche Liebe das dulden, dass sie ohne Erziehung aufwachsen und für die anderen Kinder Gift und Geschmeiß sind, so dass zuletzt eine ganze Stadt verdirbt, wie es denn in Sodom und Gomorrha [1. Mose 19] und in Gibea [Ri 19 f] und einigen weiteren Städten gegangen ist? – Zweitens ist der größte Teil der Eltern leider nicht dazu geeignet und weiß nicht, wie man Kinder erziehen und lehren soll. Denn sie haben selbst nichts gelernt, als den Bauch zu versorgen; und so gehören besondere Leute dazu, welche Kinder gut und recht lehren und erziehen sollen. – Drittens: Auch wenn die Eltern dazu geeignet wären und es gerne selbst tun wollten, so haben sie doch vor anderen Geschäften und vor dem Haushalt weder Zeit noch Raum dazu. Somit zwingt die Not dazu, gemeinsame Zuchtmeister (Erzieher) für die Kinder zu unterhalten, außer es wollte jeder für sich selbst einen eigenen unterhalten; aber das würde für den einfachen Mann zu belastend, und abermals würde manch feiner Knabe um der Armut willen vernachlässigt.

weysenn hynder sich / vn̄ wie die selben durch furmunden versorgt wer den / ob vns die erfarung tzů wenig were / soltt vnns das woll tzeygenn / das sich Got selbs der weysen vater nennet / als dere / dye von yederman sonst verlassen sind. Auch sind etliche dye nicht kynder haben / die nemen sich auch drumb nichts an.

Darumb wils hie dem Rad vnd der oberkeit gepuren / die aller gróssesten sorge vnd fleys auffs junge volck tzů haben. Den weyl der gantzen stad / gůt / er / leyb vnd leben / yn zů trewer hand befolhen ist so thetten sie nicht redlich fur Got vnd der welt / wo sie der stad gedeyen vnd besserung nicht suchten mit allem vermůgen / tag vnnd nacht. Nu ligt eyner stad gedeyen nicht alleyne daryn / das man grosse schetze samle / feste maurē schóne heusser / viel bůchsen vnnd harnisch tzeuge / Ja wo des viel ist / vnd tolle narren drůber komenn / ist so viel dester erger vnd deste grósser schade der selben stad. Sondern das ist eyner stad bestes vnd aller reychest gedeyen / heyl vnd krafft / das sie viel feyner gelerter / vernůnfftiger / erbar / wol getzogener bur ger hat / die kůnden darnach wol schetze / vnd alles gut samlen halten vnd recht brauchen.

Wie hat die stad Roma than / die ire knaben also lies tzihen das sie jnwendig funfftzehen / achttzehen / tzwentzig jaren aufs ausßbůndigst kůndten lateynisch vnd kriechisch / vnd allerley freye kůnste (wie man sie nen̄et[)] / darnach flux jn den krieg vnd regiment / da wůrden witzige / vernunfftige vnd treffliche leute auß / mit allerlei kunst vn̄ erfarunge geschickt / das / wen man jtzt alle Bischoffe vn̄ alle Pfaffen vnd Můnche yn deutschē lande¢ / auff einen hauffen schmeltzet / solt man nicht so vil finden / als mann

Außerdem sterben viele Eltern und hinterlassen Waisen; und wie diese von Vormündern versorgt werden, das müsste uns, wenn uns die Erfahrung zu wenig wäre, wohl die Tatsache zeigen, dass Gott sich selbst [Ps 68,6] Vater der Waisen als derjenigen nennt, die von jedermann sonst verlassen sind. Auch gibt es einige, die keine Kinder haben; die nehmen sich auch darum [dieser Aufgabe] nicht an.

3.2 Der Staat braucht zum Gedeihen tüchtige Leute

Darum wird es sich hier dem Rat und der Obrigkeit gebühren, die allergrößte Sorgfalt und Mühe auf das junge Volk zu verwenden. Denn nachdem Gut, Ehre, Leib und Leben der ganzen Stadt ihnen als Treuhändern anvertraut ist, so würden sie vor Gott und der Welt nicht rechtschaffen handeln, wenn sie nicht der Stadt Gedeihen und Besserung suchten, mit allen Mitteln, Tag und Nacht. Nun liegt einer Stadt Gedeihen nicht bloß darin, dass man große Schätze ansammelt, feste Mauern, schöne Häuser, viele Schusswaffen und Harnische herstellt; ja, wo es viel Derartiges gibt und es kommen verrückte Narren darüber, so ist es um so viel ärger und der Schaden für die betreffende Stadt umso größer. Vielmehr ist *das* einer Stadt Bestes und das allerreichste Gedeihen, Heil und Kraft, wenn sie viel feine, gelehrte, verständige, ehrbare, wohlerzogene Bürger hat. Die können dann auch wohl Schätze und alles Gut sammeln, erhalten und recht gebrauchen.

Wie hat es die Stadt Rom gemacht? Die ließ ihre Knaben so erziehen, dass sie innerhalb von 15, 18, 20 Jahren aufs Gründlichste Lateinisch und Griechisch konnten und allerlei Freie Wissenschaften [*artes liberales*][A] (wie man sie nennt). Danach [ging es mit ihnen] flugs in den Krieg und in den Regierungsdienst; da wurden gescheite, verständige und vortreffliche Leute daraus, mit allerlei Wissenschaft und Erfahrung ausgestattet. Wenn man jetzt alle Bischöfe und alle Pfaffen und Mönche in deutschen Landen in einem Haufen zusammenschmölze, so würde man nicht soviel finden,

da wol yhnn eynem Růmischen kriegs knecht fand. Darumb gieng auch yhr ding vonn statten / da fand mann leute dye tzů allerley tůchtig vnnd geschickt warenn. {12} Also hats die nodt alletzeyt ertzwungen vnd erhalten yn aller welt / auch bej den heyden / das man tzuchtmeyster vnd schulmeyster hat můssen haben / so man anders etwas redlichs hat wóllenn auß eym volck machenn. Daher ist auch das wortt / tzucht meyster / yn sant Paulo Gal .4. alls aus dem gemeynen brauch menschlichs lebens genomē / da er spricht. Das gesetze ist vnser tzůcht meyster gewesen.

Weyl den eyne stad sol vnd můß leute haben / vnd allenthalben der gróste gebreche / mangel vn̄ klage ist / das an leuten feyle / so mus man nicht harren / biß sie selbs wachsen / mā wird sie auch wyder auß steynen hawen / noch auß holtz schnitzen / so wird Got nicht wunder thunn / so lange mann der sachen durch ander seyne dargethane gůtter geraten kann. Darumb můssen wyr datzů thůn / vnd můhe vnnd kost dran wenden / sie selbst ertzihen vnd machen. Den wes ist die schuld / das es jtzt yn allen stedten so důnne sihett von geschickten leutten / on der oberkeyt / die das yunge volck hat lassen auff wachsen wie das holtz ym wald wechset / vnd nicht tzů gesehen / wye mans lere vnd tzyhe? darumb ists auch so vnórdig gewachsen / das tzů keynem baw / sondern nur eyn vnnutz gehecke vn̄ nur zum fewrwerg tůchtig ist.

Es mus doch weltlich regiment bleyben / sol man den tzů lassen / das eytel růltzen vn̄ knebel regiren / so mans wol bessern kan / ist ye eyn wild vnuernůnfftiges furnemen. So las mann eben so mer sew vnd wólffe tzů herrn machen / vnd setzen vber die / so nicht dencken wóllen / wie sie von menschen regirt wer den. So

wie man da wohl in einem römischen Kriegsknecht fand. Darum ging auch ihre Sache [der Römer] voran; da fand man Leute, die zu allem Möglichen tüchtig und geeignet waren. So hat es die Notwendigkeit allezeit in aller Welt, auch bei den Heiden, erzwungen und erhalten, dass man Zuchtmeister (Erzieher) und Schulmeister hat haben müssen, wenn man sonst etwas Rechtschaffenes aus einem Volk hat machen wollen. Daher ist auch das Wort »Zuchtmeister« bei Sankt Paulus Galater 4 [Gal 3,24] genommen, denn es ist allgemeiner Brauch im Menschenleben; er sagt da: »Das Gesetz ist unser Zuchtmeister gewesen.«

3.3 Tüchtige Leute wachsen nicht von selbst heran

Denn weil eine Stadt Leute haben soll und muss und weil überall das größte Problem, Mangel und Klage ist, dass es an Leuten fehlt, so darf man nicht warten, bis sie von selbst wachsen. Man wird sie auch weder aus Steinen hauen noch aus Holz schnitzen; ebenso wird Gott kein Wunder tun, solange man der Sache durch andere seiner Güter, die er uns gewährt hat, abhelfen kann. Darum müssen wir etwas dafür tun und Mühe und Kosten aufwenden, um sie selbst zu erziehen und zu erschaffen. Denn wer ist schuld daran, dass es jetzt in allen Städten so spärlich aussieht mit geeigneten Leuten, wenn nicht die Obrigkeit, die das junge Volk hat aufwachsen lassen, wie das Holz im Wald wächst, ohne darauf zu sehen, wie man es lehre und erziehe? Darum ist es auch so unordentlich gewachsen, dass es sich zu keinem Bau eignet, sondern nur ein unnützes Buschwerk und nur zum Verfeuern tauglich ist.

Es muss doch bleibend eine weltliche Regierung geben. Soll man denn zulassen, dass lauter Rüpel und Flegel regieren, wenn man es doch wohl besser machen kann? Das ist ja ein wildes, unvernünftiges Vorhaben! Dann lasse man lieber gleich Säue und Wölfe zu Herren machen und über die Leute einsetzen, die nicht bedenken wollen, wie sie von Menschen regiert werden. Ebenso ist es auch

ists auch eyn vnmēschliche bóßheyt / so mā nicht wey ter denckt den also / wyr wóllen jtzt regiren / was geht vns an / wye es denen gehen werde / dye noch vns komen. Nicht vber menschen / sonder vber sew vnd hunde solten soliche leute regi ren / dye nicht mehr den yren nutz oder ere ym regiment suchen Wen man gleych den hóhisten fleys fur wendet / das man eyt tel feyne / gelerte / geschickte leut ertzóge zů regiren / es wurde den {13}noch můhe vnd sorge gnug habenn / das es wol tzů gienge Wie sol es den tzů gehen / wen man da gar nichts tzů thůt?

Ja sprichstu aber mal / ob mann gleych solt vnnd můste schulen haben / was ist vnns aber nutze / lateynisch / kriechisch / vnd ebreyisch tzungen vnd andere freye kůnste tzů leren / kůnden wyr doch wol deutsch die Bybel vnd Gottis wort leren / dye vns gnugsam ist tzůr selickeyt. Antwort. Ja ich weys leyder woll / das wyr deutschen můssen ymer bestien vnd tolle thier seyn vnd bleyben / wie vns den die vmbligende lender nen nen vnd wir auch wol verdienen. Mich wundert aber / warumb wyr nicht auch eyn mal sagen / Was sollen vnns seyden / weyn / wůrtze / vnnd der frembden außlendischen ware / so wyr doch selbs weyn / korn / wolle / flachs / holtz / vnd steyn yn deutschen landē / nicht alleyn dye fulle haben tzůr narung / sondern auch die kůr vnd wal tzů ehren vnd schmuck? Die kunste vn̄ sprachen die vns on schaden / ja grósser schmuck / nutz / ere / vn̄ frumen sind / beyde tzůr heyligen schrifft tzůuerstehen vn̄ welt lich regiment tzů fůren / wóllen wyr

eine unmenschliche Bosheit, wenn man nicht weiter denkt als so: »Wir wollen jetzt regieren; was geht es uns an, wie es denen gehen wird, die nach uns kommen?« Nicht über Menschen, sondern über Säue und Hunde sollten solche Leute regieren, die nichts weiter als Nutzen oder Ehre für sich selbst im Regierungsdienst suchen. Auch wenn man den höchsten Fleiß darauf verwendete, um lauter feine, gelehrte, geeignete Leute für das Regieren heranzuziehen, auch dann würde es noch Mühe und Sorge genug erfordern, dass es recht zugeht. Wie soll es dann zugehen, wenn man gar nichts dazu tut?

4 Die neuen Schulen nutzen der Kirche und dem Staat

4.1 Der geistliche Stand braucht Kenner der (Alten) Sprachen

4.1.1 Die Sprachen sind eine Gottesgabe, die der Teufel fürchtet

»Ja«, sprichst du wiederum, »wenn man schon Schulen haben sollte und müsste, was nützt es uns aber, die lateinische, griechische und hebräische Sprache und andere Freie Wissenschaften [*artes liberales*][A] zu lehren? Könnten wir die Bibel und Gottes Wort doch wohl deutsch lehren; sie genügt uns zur Seligkeit!« Antwort: Ja, ich weiß leider wohl, dass wir Deutschen immer Bestien[S] und verrückte Tiere sein und bleiben müssen, wie uns denn die umliegenden Länder nennen und wie wir es auch wohl verdienen. Mich wundert es aber, warum wir nicht auch einmal sagen: »Was sollen uns Seide, Wein, Gewürze und derlei fremde, ausländische Ware, wo wir doch selbst Wein, Korn, Wolle, Flachs, Holz und Steine in deutschen Landen nicht allein in Fülle zu unserem Auskommen haben, sondern sogar Auslese und freie Wahl für Ehrung und Schmuck?« Die Wissenschaften und Sprachen, die uns nichts schaden, vielmehr zu größerem Schmuck, Nutzen, Ansehen und Vorteil gereichen, sowohl um die Heilige Schrift zu verstehen als auch um das weltliche Regiment zu führen, *die* wollen wir verach-

verachten / vnd der ausßlendischen ware die vns wider not noch nůtze sind / dazů vns schinden bys auff den grad / der wóllenn wyr nicht geratten / heyssen das nicht billich deutsche narren vnd bestien?

Zwar wen keyn anderer nutz an den sprachenn were / solt doch vns das billich erfrewen vnd antzůnden / das es so eyn edle feyne gabe Gottis ist / da mit vnns deutschen Got ytzt so reychlich fast vber alle lender heimsucht vnd begnadet. Man sihet nicht viel / das der teuffel dye selben hette lassen durch die hohen schulen vnd kloster auff kommen. Ja sie haben altzeyt auffs hóhest da wyder getobet vnd auch noch toben / den der teuffel roch den braten wol / wo die sprachen erfur kemen / wůr de seyn reych eyn fach gewynnen / das ehr nicht kunde leichtt wyder tzů stopffen. Weyl er nu nicht hat můgen werenn das sie erfur kemen / dencket er doch / sie nu also schmal tzů haltten / das sie von yn selbs wider sollen vergehen vnd fallen. Es ist {14} yhm nicht eyn lieber gast damit yns haus komen. Drumb wil er yhn auch also speisen / das er nicht lange solle bleiben. Dysen bósen tuck des teuffels / sehen vnser gar wenig liebē herrn.

Darūb lieben deutschen laßt vns hie die augen auffthun. Got danckē fur das edel kleynod / vnd fest drob halten / dz vns nicht widder entzuckt werde / vnd der teuffel nicht seynē můtwillen bůsse. Denn das konnen wir nicht leucken / das / wiewol das Euangelion alleyn durch den heyligen geyst yst komē / vn̄ teglich kompt / so ysts doch durch mittel der sprachē komē / vn̄ hat auch dadurch zugenommē / muß auch dadurch behalten werden. Denn gleich als da Gott durch die Apostel wolt yn alle welt dz Euangeliō lassen komen / gab er die zungen dazu. Vnd hatte auch zuuor durch der

ten; die ausländischen Waren dagegen, die uns weder nötig noch nützlich sind, die uns obendrein die Haut abziehen bis auf die Knochen, *die* wollen wir nicht entbehren? Heißen das nicht mit Recht deutsche Narren und Bestien?

Selbst wenn die Sprachen zu nichts weiter von Nutzen wären, so sollte uns doch das mit Recht erfreuen und entflammen, dass es eine so edle, feine Gabe Gottes ist. Mit ihr hat Gott uns Deutsche jetzt so reichlich – mehr als alle anderen Länder – versehen und begnadet; man sieht nicht viel, dass der Teufel diese [Sprachen] auf dem Weg über die Hochschulen[S] und Klöster hätte aufkommen lassen. Ja, diese haben immer am heftigsten dagegen getobt und toben noch immer, denn der Teufel roch den Braten wohl: Wenn die Sprachen hervorträten, würde sein Reich ein Loch bekommen, das er nicht leicht wieder zustopfen könnte. Weil er nun nicht hat verhindern können, dass sie hervortreten, so ist er doch darauf bedacht, sie nun so schmal zu halten, dass sie von selbst wieder verschwinden und verfallen sollen. Es ist ihm kein lieber Gast damit ins Haus gekommen, darum will er ihn auch so speisen, dass er nicht lange bleiben soll. Diesen bösen Anschlag des Teufels sehen gar wenige von uns, liebe Herren.

4.1.2 Die Sprachen dienen Gott zur Verbreitung des Evangeliums

Darum, ihr lieben Deutschen, lasst uns hier die Augen aufmachen, Gott für das edle Kleinod danken und daran festhalten, damit es uns nicht wieder entrissen werde und der Teufel nicht seinen Mutwillen an uns auslasse. Denn das können wir nicht leugnen: Obwohl das Evangelium allein durch den Heiligen Geist gekommen ist und täglich kommt, so ist es doch durch Vermittlung der Sprachen gekommen und hat auch dadurch zugenommen und muss auch dadurch erhalten werden. Denn als Gott durch die Apostel das Evangelium in alle Welt kommen lassen wollte, gab er zugleich die Sprachen dazu [Zungen; Apg 2,4 ff.]; auch hatte er vorher durch die Herr-

Rómer regiment / [die] <der> kriechische vn̄ lateynische sprach so weyt yn alle landt außgebreittet / auff das seyn Euangeliō yhe bald fern vn̄ weyt frůcht brechte. Also hat er auch ytzt gethan. Niemant hat gwust / warūb Got die sprachen erfur ließ komē / biß das man nu aller erst syhet / das es vmb des Euangelio willē geschechen ist / wilchs er hernach hat wóllen offenbarn / vnd dadurch des Endchrists regiment auff decken vn̄ tzustóren. Darumb hat er auch kriech en land dem Tůrcken geben / auff das die Kriechen veriagt vn̄ zustrewet / die kriechische sprach außbrechten / vnd ein anfang wůrden / auch andere sprachen mit zu lernen.

So lieb nun vns das Euangeliō ist / so hart last vns vber den sprachē haltē / Den Got hat seyne schrifft nicht vmb sonstt allein yn die tzwo sprachen schreyben lassen / das alte testament yn die Ebreesche / das newe yn die Kriechische. Welche nu got nicht veracht / sondern zu seinem wort erwelet hat fur allen andern / sollē auch wir die selben fur allen andern ehren. Den Szo Paulus růmet dz fur ein sůnderliche ehre vnd vorteyl d' Ebrey schen sprach / das gottis wort drynnen geben ist / da er sprach tzůn Rómern .3. Was hat die beschneittung vorteyls odder nutzes? Fast vil / auffs erst / so synd yhn Gottis rede befolhen. {15} Das rhůmet auch der Kónig David Psalm .147. Er verkůndigt seyn wort Jacob / vnnd seyne gebot vnnd rechte Israhel Er hatt keynem volck also gethan / noch seine rechte yhnen offenbart. Daher auch [die] Ebreische sprach heilig heysset. Vnnd sanct Paulus Ro. 1. nennet sye die heylige schrifft on tzweiffel vmb des heyligen worts Gottis willen / das drynnen verfasset yst. Also mag auch die Kriechische sprach wol heilig heissen / das die selb fur / andern dazu erwelet yst / das das newe testament drinnen geschrieben wůrde. Vnd aus der selben als auß eim brunnen yn andere sprach durchs dolmetschen geflossen / vnd sye auch geheyliget hatt.

schaft der Römer die griechische und lateinische Sprache so weit in alle Länder ausgebreitet, damit ja sein Evangelium bald fern und weit Frucht bringe. Ebenso hat er es jetzt auch gemacht. Niemand hat gewusst, warum Gott die Sprachen hervortreten ließ, bis man nun erst sieht, dass es um des Evangeliums willen geschehen ist, welches er nachher offenbaren wollte, um dadurch des Antichrists Regiment aufzudecken und zu zerstören. Darum hat er auch Griechenland dem Türken gegeben, damit die Griechen, nachdem sie verjagt und zerstreut waren, die griechische Sprache verbreiteten[S] und ein erster Anlass würden, auch andere Sprachen mitzulernen.

So lieb nun uns das Evangelium ist, so eifrig lasst uns auf die Sprachen halten. Denn Gott hat seine Schrift nicht umsonst nur in den zwei Sprachen schreiben lassen: das Alte Testament in der hebräischen, das Neue in der griechischen. Weil nun Gott diese nicht verachtet, sondern vor allen anderen zu seinem Wort erwählt hat, sollen auch wir diese vor allen anderen ehren. Denn Sankt Paulus rühmt das als besondere Ehre und Vorzug der hebräischen Sprache, dass Gottes Wort darin gegeben ist; er sagt Röm 3 [1 f.]: »Was hat die Beschneidung [gemeint ist das jüdische Volk] für einen Vorzug oder Nutzen? Sehr viel. Erstens ist ihnen anvertraut, was Gott geredet hat.« Das rühmt auch der König David Psalm 147 [19 f.]: »Er verkündigte Jakob sein Wort und Israel seine Gebote und Rechte. So hat er keinem Volk getan und ihnen seine Rechte geoffenbart.« Daher heißt auch die hebräische Sprache heilig und Sankt Paulus nennt sie Römer 1 [2] die »heilige Schrift«, zweifellos wegen des heiligen Wortes Gottes, das darin verfasst ist. Ebenso kann auch die griechische Sprache wohl heilig heißen, weil sie vor anderen dazu erwählt worden ist, dass das Neue Testament darin geschrieben wurde und aus ihr wie aus einem Brunnen durchs Übersetzen in andere Sprachen geflossen ist und sie auch geheiligt hat.

Vnd last vns das gesagt sein. / Das wir das Euangelion nicht wol werden erhalten / on die sprachen. Die sprachen synd die scheiden / darynn dis messer des geysts stickt. Sie seint der schrein / darynnen man [dis] <das> kleinod tregt. Sie seint das gefeß / darynnen man dysen tranck fasset. Sie synd die kemnot / daryn nen dyse speise lygt. Vnd wie das Euangelion selbs zeygt. Sie seint die koͤrbe / darynnen man dyse brot vnd fysche vnd brockē behelt. Ja wo wirs versehen / das wir (da Gott fur sey) die sprachen faren lassen / so werden wir nicht allein das Euangelion verlieren / sondern wirt auch endlich dahyn gerattenn / das wir wider lateinisch noch deutsch recht reden oder schreiben kůndē. Des last vns das elend grewlich exēpel zur beweysung vn̄ warnung nemen / yn den hohen schulen vn̄ kloͤstern / darynnen man nicht alleyn das Euangelion verlernt / sondern auch lateinische vnd deutsche sprache verderbt hat / das die ellenden leut schier zu lauter bestien worden synd / widder deutsch noch lateynisch recht reden oder schreiben konnen. Vnd bey nahend auch die natůrliche vernunfft verloren haben.

Darūb habens die Apostel auch selbs fur noͤtttyg¢ angesehē / das sye das newe Testamēt yn die Kryechische sprache fasseten vn̄ anbůnden / on zweyffel / das sye es vns daselbs sycher vnnd gewyß verwareten wie ynn einer heyligen laden. {16} Den sie habē gesehen / al das yenige das tzůkunffig war vn̄ nu also ergangen yst / wo es alleyn ynn die koͤpff gefasset wůrde / wie manche wilde / wůste / vnordnung vnd gemēge / so manch erley synnen / dunckel vnnd leren sych erheben wůrden yn [der] <dye> Christenheyt / welchen ynn keynen weg zu weren noch die einfeltigen zu schůtzē weren / wo nicht das newe testament gewiß yn schrifft vnd sprache gefasset were. Darnmb¢ ysts gewys / wo nicht die sprachen bleyben / da mus zu letzt das Euangelion vntergehen.

4.1.3 Die Sprachen sind die Scheiden, worin das Messer des Geistes steckt

Und lasst uns das gesagt sein, dass wir das Evangelium nicht recht erhalten werden ohne die Sprachen. Die Sprachen sind die Scheiden, worin dieses Messer des Geistes steckt. Sie sind der Schrein, worin man dieses Kleinod trägt. Sie sind das Gefäß, worin man diesen Trank fasst. Sie sind die Kammer, worin diese Speise liegt. Und wie das Evangelium selbst [Mt 14,20] es zeigt, sie sind die Körbe, in denen man diese Brote und Fische und Brocken aufbewahrt. Ja, wenn wir es [so] missachten, dass wir (da sei Gott vor!) die Sprachen preisgeben, so werden wir nicht allein das Evangelium verlieren, sondern es wird auch schließlich so weit kommen, dass wir weder Lateinisch noch Deutsch richtig reden oder schreiben können. Als Beweis und Warnzeichen dafür lasst uns das elende, schreckliche Beispiel in den Hochschulen und Klöstern nehmen. In ihnen hat man nicht bloß das Evangelium verlernt, sondern auch die lateinische und deutsche Sprache verderbt,[S] so dass die elenden Leute fast zu lauter Tieren geworden sind, weder Deutsch noch Lateinisch richtig reden oder schreiben können und beinahe auch die natürliche Vernunft verloren haben.

Darum haben auch die Apostel selbst es für nötig angesehen, das Neue Testament[B] in die griechische Sprache zu fassen und an sie zu binden, zweifellos dazu, um es hier sicher und zuverlässig für uns zu verwahren wie in einer heiligen Lade. Denn sie haben all dasjenige vorhergesehen, was kommen würde und nun so eingetreten ist: Würde es [das Neue Testament] allein in die Köpfe gefasst [also nicht schriftlich tradiert], wie manche wilde, wüste Unordnung und Verwirrung, so würden sich mancherlei Gesinnungen, Meinungen und Lehren in der Christenheit erheben, und diesen wäre auf keine Weise zu wehren noch die einfachen [Leute] davor zu schützen, wenn nicht das Neue Testament zuverlässig in Schrift und Sprache gefasst wäre. Darum ist es gewiss: Wenn nicht die Sprachen erhalten bleiben, dann muss zuletzt das Evangelium untergehen.

Das hat auch beweysset / vnd zeygt noch an die erfarung. Denn so bald nach der Apostel zeyt / da die sprachen auffhóreten / nam auch das Euangelion vnd der glawbe vnd gantze Christenheyt ye mehr vnd mehr ab / biß dz sye vnter dem Bapst gar versuncken yst. Vnnd yst synter zeyt die sprachen gefallen synd / nicht vil besonders ynn der Christenheyt ersehen / aber gar vil grewlicher grewel aus vnwissenheyt der sprachē geschehē. Also widderumb weyl ytzt die sprachen herfur kommen synd / bryngen sye eyn sollich liecht mit sych / vnnd thun solch grosse ding / das sych alle welt verwundert vnd muß bekennenn / das wir das Euangelion so lautter vnnd reyn haben fast als die Apostel gebabt¢ haben / vnd gantz ynn seyne erste reynigkeyt komen yst / vnd gar vill reyner / denn es zur tzeyt sanct Hieronymi oder Augustini gewesen yst. Vnd summa / der heylige geyst ist keyn narre / gehet auch nicht mit liechtfertigen$ vnnótigen sachē vmb / der hat die sprachen so nůtz vnd not geacht yn der Christenheit / das er sye offtmals von hymel mit sych bracht hatt / wilchs vns alleine solt gnugsam bewegen / die selben mit fleyß vnd ehren zusuchen vnd nicht zuuerachtē / weyl er sye nu selbs widder auff erden erweckt.

Ja sprichstu / es synd vill vetter selig worden / haben auch geleret on sprachen. Das yst war. Wo rechenstu aber auch das hyn / das sye so offt yn der schryfft gefeylt habē? Wie offt feylet sanct Augustinus ym Psalter vnd andern außlegung / so {17} woll alls Hilarius / ja auch alle die on dye sprachenn sich der schrifft haben vnterwunden auß tzůlegen? Vnd ob sie gleych etwa recht geredt haben / sind sie doch der sachen nicht gewys gewesen / ob das selb rechtt an dem ort stehe / da sie es hyn deuten? Als / das ich des ein exempel tzeyge. Recht ists geredt / das Christus gottis son ist. Aber wye

Das hat auch die Erfahrung bewiesen und zeigt es noch. Denn bald nach der Zeit der Apostel, als die Sprachen [vgl. Apg 2,4; 1. Kor 12,10] aufhörten, nahmen auch das Evangelium und der Glaube und die ganze Christenheit je länger je mehr ab, bis sie unter dem Papst ganz versunken ist. Und seitdem die Sprachen dahingefallen sind, ist nicht viel Besonderes in der Christenheit wahrzunehmen gewesen; dagegen sind gar viele schreckliche Gräuel infolge der Unkenntnis der Sprachen geschehen. Und umgekehrt, weil jetzt die Sprachen hervorgetreten sind, bringen sie ein solches Licht mit sich und richten so große Dinge aus, dass sich alle Welt wundert und bekennen muss, dass wir das Evangelium so lauter und rein haben, fast wie es die Apostel gehabt haben, und dass es ganz zu seiner ersten Reinheit wiederhergestellt und sehr viel reiner ist, als es zur Zeit von Sankt Hieronymus[V] oder Augustinus[V] gewesen ist. Und in Summe: Der Heilige Geist ist kein Narr, geht auch nicht mit leichtzunehmenden, unnötigen Sachen um; er hat die Sprachen für etwas so Nützliches und Nötiges in der Christenheit gehalten, dass er sie oftmals vom Himmel mit sich gebracht hat [Apg 2,4; 10,46; 1. Kor 12,10; 14,2 ff.]. Schon allein das sollte uns zur Genüge veranlassen, sie mit Fleiß und Ehren zu suchen und nicht zu verachten, weil er sie nun selbst wieder auf Erden erweckt.

4.1.4 Die Sprachen allein erlauben die Auslegung der Heiligen Schrift

»Ja«, sprichst du, »es sind viele Väter[V] selig geworden und haben auch gelehrt ohne Sprachen.« Das ist wahr. Wo rechnest du aber auch das an, dass sie so oft in der Schrift geirrt haben? Wie oft irrt Sankt Augustinus[V] im Psalter und anderen Auslegungen, ebenso wie Hilarius[V], ja überhaupt alle, die ohne [Kenntnis der] Sprachen die Schrift auszulegen sich getraut haben? Und auch wenn sie irgendwo richtig geredet haben, so sind sie doch der Sache nicht gewiss gewesen, ob das wirklich an der Stelle stehe, auf die sie hinwiesen. So, um ein Beispiel dafür anzuführen: Es ist richtig gesagt worden, dass Christus Gottes Sohn ist. Aber wie zum Spott heraus-

spȯttisch lautet es in den oren der wid'sacher / da sie des grund fureten auß dem .109. Psalm Tecum principium in die virtutis tue. So doch da selbs in der Ebreischen sprach nichts von der Gotheyt geschriben steht. Wen man aber also mit vngewissen grunden vnd feylspruch en den glauben schůtzet / ists nicht eyn schmach vnd spott der Christen bey den wider fechtern / dye der sprach kůndig sind? vnd werden nůr halstarriger ym jrthům / vnnd halten vnsern glauben mit gůttem scheyn fur eynen menschen trawm.

Wes ist nu die schuld / das vnser glaube so tzů schanden wird? nemlich / das wyr der sprachen nicht wissen / vnd ist hye keyn hůlffe / den dye sprachen wissen. Wart nicht .S. Hierony: getzwungen den Psalter von newem tzůuerdolmetzen auß dē Ebreischen vmb des willē / das wo man mit den Juden auß vnserm Psalter handelt / spottē sie vnser / das es nicht also stůn de yhm Ebreischen / wye es die vnsern fureten? Nu sind aller alten veter außlegung / die on sprachen die schrifft habenn gehandelt (ob sie wol nichts vnrechts leren) doch der gestaltt / das sie fast offt vngewisse / vnebene / vnnd vntzeyttige sprache furen / vnd tappen wye eynn blinder an der wand / das sie gar offt des rechten texts feylen / vnd mache¢ yhm eyne nasen nach yrer andacht / wye dem vers droben antzeygt. Tecum principium. &c. Das auch .S. Augusti. selbs mus bekennen / wye er schreibt de doctrina Christ. das eynem Christlichenn lerer / der dye schrifft sol außlegen / nodt sind vber die Lateinische / auch dye Kriechische vnd Ebreische sprachen. Es ist sonst vnmůglich das ehr nicht allent halben anstosse / Ja noch not vnnd erbeyt da ist / ob eyner die sprachen schon wol kan.

fordernd lautet es in den Ohren von Widersachern, wenn sie den Beweis dafür aus dem 109. Psalm [Ps 110,3][B] führten: *Tecum principium in die virtutis tuae*, während doch in der hebräischen Sprache an dieser Stelle nichts von der Gottheit geschrieben steht! Wenn man aber den Glauben in dieser Weise mit ungewissen Gründen und Fehlurteilen verteidigt – ist das nicht eine Schmach und ein Spott für die Christen bei denjenigen Widersachern, welche der Sprache kundig sind? Sie werden nur noch halsstarriger in ihrem Irrtum und halten unseren Glauben mit einem Schein des Rechts für einen Menschentraum.

Was ist nun daran schuld, dass unser Glaube so zuschanden wird? Nämlich [der Umstand], dass wir die Sprachen nicht kennen. Und da hilft nichts, als die Sprachen zu kennen. Sah sich nicht Sankt Hieronymus[V] dazu gezwungen, den Psalter von Neuem aus dem Hebräischen zu übersetzen, und zwar aus dem Grund: Wenn man mit den Juden anhand unseres Psalters verhandelt, verspotten sie uns damit, dass es im Hebräischen nicht so stehe, wie die Unsrigen es anführten? Nun sind die Auslegungen aller alten Väter[V], soweit sie ohne [Kenntnis der] Sprachen über die Schrift gehandelt haben (auch wenn sie nichts Unrichtiges lehren), doch von der Art, dass sie sehr oft eine unsichere, unangemessene und unpassende Sprache führen. Sie tappen wie ein Blinder an der Wand, so dass sie gar oft den richtigen Text verfehlen und ihm eine Nase [Zielrichtung] nach ihrer eigenen Meinung geben, wie in dem oben [im vorigen Absatz] angeführten Vers: »*Tecum principium* usw.«. So muss denn auch Sankt Augustinus[V] selbst zugeben, wie er [in seinem Werk] *De doctrina christiana* schreibt, für einen christlichen Lehrer, der die Schrift auslegen soll, sei außer der lateinischen auch die griechische und hebräische Sprache notwendig. Es ist sonst unmöglich, dass er nicht überall anstößt; ja, es hat noch Mühe und Not, auch wenn einer die Sprachen schon gut kann.

{18} Darumb ists gar viel eyn ander ding / vmb eynen schlechten prediger des glaubens / vnd vmb eynen außleger der gesch rifft / odder wie es .S. Paulus nennet / eynen propheten. Eynn schlechter prediger (ist war) hat so viel heller sprůch vnd text durchs dolmetschē / das er Christum verstehen / leren / vnd heyliglich leben vnd andern predigen kan. Aber dye schrifft ausßtzůlegen vnd tzů handeln fur sich hyn / vnd tzů streitten wider dye jrrigen eynfůrer der schrifft / ist er tzů geringe / das lest sich on sprachen nicht thůn. Nu mus man ye yn der Christenheyt soliche propheten haben / die die schrifft treyben / vnd außlegen vnd auch tzům streyt tugen / vnd ist nicht gnug am heyligenn leben vnd recht leren. Darumb sind die sprachen stracks vnd aller dinge von nótten yn der Christenheyt / gleich wye die Pro pheten / odder außleger / obs gleich nicht not ist noch / seyn mus das eyn jglicher Christ odder prediger sey eyn solich Prophet wie sanct Paulus sagt .1. Cor .12. vnd Ephe .4.

Daher kompts / das sind der Apostell tzeytt / dye schrifft so finster ist blieben vnd nyrgent gewisße bestendige auslegunge drůber geschrieben sind. Den auch die heyligen veter (wie gesagt) offt gefielt[$] / vnd weyl sie der sprachenn vnwissend gewesen / sind sie gar selden eynes / der feret sonst / der feret so. Sanct Bernhart ist eyn man von grossem geyst gewesen / das ich yn schier thůrst vber alle lerer setzen / dye berůmpt sind / beyde allte vn̄ newe. Aber sihe / wie er mit der schrift so offt (wie wol geyst lich) spielt vnd sie furet ausser dem rechten syn. Derhalben haben auch die Sophisten gesagt. Dye schrifft sey finster / haben gemeynet / Gottis wort [sey] <so> von art so finster / vn̄ rede so seltzam Aber sie sehen nicht das aller mangel ligt ann den sprachenn / sonst were nicht liechters ye geredt / den Gottis wortt / wo wyr die sprachen

4.1.5 Sprachunkenntnis lässt die Heilige Schrift dunkel erscheinen

Darum handelt es sich um etwas sehr viel anderes bei einem schlichten Prediger des Glaubens und bei einem Ausleger der Schrift oder, wie Sankt Paulus es nennt [1. Kor 12,28 ff.; 14,26 ff.], bei einem Propheten. Ein schlichter Prediger (das ist wahr!) verfügt auf Grund der Übersetzung über so viele klare Sprüche und Texte, dass er Christus verstehen, lehren, heilig leben und anderen predigen kann. Aber um die Schrift auszulegen und selbständig zu behandeln und um gegen diejenigen zu streiten, welche die Schrift irrig anführen, dazu ist er zu wenig [gebildet]; das lässt sich ohne Sprachen nicht machen. Nun muss man in der Christenheit immer derartige »Propheten« haben, die sich mit der Schrift befassen und sie auslegen, und die auch zum Kampf taugen; dazu genügt es nicht, heilig zu leben und recht zu lehren. Darum sind die Sprachen in der Christenheit durchaus und unbedingt nötig, geradesogut wie die Propheten oder Ausleger, obwohl es nicht nötig ist und nicht sein muss, dass jeder Christ oder Prediger ein solcher Prophet ist, wie Sankt Paulus 1. Kor 12 [6 ff.] und Eph 4 [11] sagt.

Daher kommt es, dass seit der Zeit der Apostel die Schrift so dunkel geblieben ist und nirgends zuverlässige, haltbare Auslegungen zu ihr geschrieben worden sind. Denn (wie gesagt) auch die heiligen Väter[V] haben oft geirrt, und weil sie der Sprachen nicht kundig gewesen sind, sind sie ganz selten einig; der eine bewegt sich in diese Richtung, der andere in die andere. Sankt Bernhard[H] ist ein Mann von großem Geist gewesen, so dass ich es beinahe wagte, ihn an erster Stelle über alle Lehrer zu setzen, die berühmt sind, sowohl alte als auch neue. Aber beobachte, wie er so oft mit der Schrift (wenn auch geistlich) spielt und sie nicht im richtigen Sinn anführt! Deshalb haben auch die Sophisten[S] gesagt, die Schrift sei dunkel; sie haben gemeint, Gottes Wort sei von Natur so dunkel und rede so merkwürdig, aber sie sehen nicht, dass der ganze Fehler an den [fehlenden Kenntnissen der] Sprachen liegt. Sonst wäre nie etwas Klareres geredet worden als Gottes Wort, wenn wir die Sprachen verstünden.

verstůnden. Eyn Tůrck mus myr wol finster reden / wilchen doch eyn tůrckisch kynd von siben jaren wol ver nympt / dye weyl ich die sprache nicht kenne.

Darumb ist das auch eyn toll furnemen gewesen / das mā {19} dye schrifft hat wóllen lernen durch der vetter außlegen / vnd vyell bůcher vnnd glossen leßen. Man solt sich dafur auff dye sprachen geben haben. Denn dye lyebenn vetter / weyll sie onn sprachen gewesen sind / habenn sie tzů weylenn mit vielen wortten an eynem spruch geerbeyttet / vnd dennoch nur kaum hynnach geomet / vnd halb geraten / halb gefeylet. So leuffestu dem selben nach mit viel můhe / vnd kundtist dye weyl durch dye sprachenn / dem selben vyell basß solichen ratten / den der / dem du folgest. Denn wye dye sonne gegenn dem schatten ist / so ist dye sprache gegen aller vetter glosen. Weyll den nu den Christenn gepurt / dye heyligen schryfft tzů vben / alls yr eygen eyniges buch / vnnd eynn sunde vnnd schande ist / das wyr vnser eygen buch nicht wissen / noch vnsers Gottis sprach vñ wort nicht kennen / so ists noch vyel mer sunde vnd schanden das wyr nicht sprachen leren / sonderlich / so vns itzt Got dar beut vnd gybtt leutte vnd bůcher vnd allerley / was datzu dyenet / vnd vns gleych datzu reytzt / vnd seyn buch gern wolt offen haben. O wye fro solten die lyeben vetter gewesen sein / wen sie hetten so kundt tzůr heyligenn schrifftt kommen vnnd dye sprachen leren / als wyr kunden. Wye haben sie mit so grosser můhe vnd fleys kaum die brocken erlanget / da wir mit halber / ya schier on alle erbeyt / das gantze brod gewynnen kunden. O wye schendet yhr fleyß vnser faulheyt? Ja wye hart wirdt Got auch rechen solchenn vnßern vnfleyss vnnd vndanckbarkeytt.

Ein Türke muss für mich wohl dunkel reden – während ihn doch ein türkisches Kind von sieben Jahren gut versteht –, solange ich die Sprache nicht kenne.

Darum ist es auch ein verrücktes Unternehmen gewesen, dass man die Schrift hat lehren wollen mit Hilfe der Auslegung der Väter[V] und durch Lesen von vielen Büchern und Erklärungen. Man hätte sich stattdessen auf die Sprachen verlegen sollen. Die lieben Väter[V] haben ja, weil sie ohne [Kenntnis der] Sprachen gewesen sind, sich zuweilen mit vielen Worten an einem Spruch abgemüht und haben ihn doch kaum annähernd ermessen; sie haben halb geraten, halb geirrt. So gehst du ihm mit viel Mühe nach; einstweilen könntest du mit Hilfe der Sprachen ihn viel besser solcherart [selbst] auslegen als derjenige, dem du folgst. Denn wie die Sonne im Vergleich mit dem Schatten ist, so ist die [originale] Sprache im Vergleich mit den Erklärungen aller Väter[V]. So gehört es sich denn nun für die Christen, die Heilige Schrift als ihr eigenes, einziges Buch eifrig zu lesen, und es ist eine Sünde und Schande, wenn wir unser eigenes Buch nicht verstehen und unseres Gottes Sprache und Wort nicht kennen. Deshalb ist es dann noch viel mehr eine Sünde und Schande, wenn wir die Sprachen nicht lernen, zumal da uns Gott jetzt Leute und Bücher und allerlei darbietet[S] und gibt, was dazu dient, und uns gleichsam dazu lockt und sein Buch gerne aufgeschlossen haben will. O, wie froh müssten die lieben Väter[V] gewesen sein, wenn sie so zur Heiligen Schrift hätten kommen und die Sprachen hätten lernen können, wie wir es können! Wie haben sie mit so großer Mühe und Fleiß kaum die Brocken erlangt, wo wir mit halber, ja fast ohne alle Arbeit das ganze Brot gewinnen können! O, wie beschämt ihr Fleiß unsere Faulheit! Ja, wie hart wird Gott auch diesen unseren Unfleiß und unsere Undankbarkeit bestrafen!

Da her gehóret auch / das Sanct Paulus .1. Corinth. .14. wyll / das yhnn der Christenheyt soll das vrteyl seyn vber allerley lere / datzů aller dynge vonn nóten ist / dye sprache tzůwyssen. Den der prediger od' lerer mag wol dye Biblia durch vnd durch lesen / wie er wil / er treffe odder feyle / wen niemand da ist / der da vrteyle / ob ers recht mache odder nicht. Soll mann denn vrteylenn / ßo musß kunst der sprachenn da seynn sonst ists verlorenn. Darumb ob woll der glaube vnd das {20} das Euangeilon[$] durch schlechte prediger mag onn sprachen predigt werden / so gehet es doch faul vnd schwach / vnd man wyrds tzu letzt můde vnnd vberdrůssig vnnd fellet tzu boden. Aber wo die sprachen sind / da gehet es frisch vnd starck / vnd wirt die schryfft durch trieben / vnnd fyndet sych der glawbe ym̄er new / durch andere vnd aber andere wort vnd werck / das der .128. Psalm[1] / sollich studirn ynn der schrifft vergleicht einer yaget vn̄ spricht. Got óffene den hirssen die dicke welde. Vnd Psalm .1. Eynem baum der ym̄er grůnet vnnd ymer frysch waffer[¢] hatt.

1 *Bereits die Wittenberger Ausgabe nennt irrig Psalm 128 statt 28 (Vulgata)*[B].

Es soll vns auch nicht yrren / das ettlich sych des geists rhůmen vnd die schryfft geringe achtē. Etliche auch wie die brůder Valdenses die sprachen nicht nůtzlich achten. Aber lieber freund geyst hyn / geist her / ich byn auch ym geist gewesen / vn̄ habe auch geist gesehen (wens yhe gelten soll vonn eygenem [fleysch] sich ist rhůmen) villeicht mehr / den eben die selbigen noch ym yar sehen werdē / wie fast sye auch sych rhůmē. Auch hat mein geyst sych etwas beweyset / so doch yhrer geyst ym winckel gar styll ist / vnd nicht vil mehr thut / den seynen rhum auff wirfft. Das weiß ich aber wol / wie fast der geist alles alleyne thut / we re ich [doch] <noch> allenn půsschen tzu ferne gewest / wo mir nicht die sprachen geholffen vnd mich der schryfft sycher vnd gewyss gemacht hetten. Ich hette auch wol kund frum seyn / vnd ynn der stille recht predigen / Aber

4.1.6 Sprachunkenntnis verhindert ein Urteil über Lehrfragen

Hierher gehört auch, was Sankt Paulus 1. Kor 14 [27.29] will, dass der Christenheit das Urteil über die Lehre aller Art zustehen soll. Dazu ist es vor allem nötig, die Sprachen zu kennen. Denn der Prediger oder Lehrer kann wohl die Bibel durch und durch auslegen, wie er will – zutreffend oder irrig –, wenn niemand da ist, der beurteilt, ob er es richtig macht oder nicht. Soll man urteilen, so muss Wissenschaft von den Sprachen da sein, sonst ist es verloren. Darum kann zwar der Glaube und das Evangelium durch schlichte Prediger ohne [Kenntnis der] Sprachen gepredigt werden; aber es geht dabei doch faul und schwach zu und man wird es zuletzt müde und überdrüssig und fällt zu Boden. Aber wo die Sprachen sind, da geht es frisch und stark; da wird die Schrift durchgearbeitet und entsteht der Glaube immer wieder neu durch andere und wieder andere Worte und Werke, so dass der 128. Psalm [Ps 29,9][B] ein solches Studieren in der Schrift mit einer Jagd vergleicht[B] und sagt, Gott öffne den Hirschen die dichten Wälder, und Psalm 1 [3] mit einem Baum, der immer grünt und immer frisches Wasser hat.

Es soll uns auch nicht irre machen, dass manche sich des Geistes rühmen und die Schrift gering achten, und manche auch, wie die Waldenserbrüder[R], Sprachen für etwas Unnützes halten. Aber, lieber Freund, Geist hin, Geist her! Ich bin auch im Geist gewesen und habe auch Geist gesehen (wenn es je gelten sollte, sich [wie Paulus Phil 3,4] des eigenen Fleisches zu rühmen), vielleicht mehr, als diese noch im Laufe eines Jahres sehen werden, so sehr sie sich auch rühmen; auch hat mein Geist Beweise von sich gegeben, während ihr Geist gar still im Winkel sitzt und nicht viel mehr tut, als seinen eigenen Ruhm zu erheben. Das weiß ich aber sicher: So sehr der Geist alles allein tut, so wäre ich doch allen Büschen [Ps 29,9; s. o.] zu fern geblieben, wenn mir nicht die Sprachen geholfen und mich der Schrift sicher und gewiss gemacht hätten. Ich hätte auch wohl pflichtbewusst sein und in der Stille recht predigen können. Aber

den Bapst vnnd die Sophisten mit dem gantzen Endechristischen regiment wůrde ich woll haben lassen seyn was syt¢ syndt. Der teuffel achtet meinē geyst nicht so fast / als meyne sprache dnd¢ feder yn der schrifft. Deñ meyn geyst nimpt yhm nichts denn mich allein. Aber die heiligen schryfft and¢ sprachen machen yhm die welt tzu enge / vnd thut yhm schaden yn seym reich.

So kan ich auch die brůder Valdenses darynnē gar nichts loben / das sye die sprachen verachten. Denn ob sye gleich recht lereten / so můssen sye doch gar offt des rechten texts feylen / vñ {21} auch vngerůst vnd vngeschickt bleiben tzufechtē fur den glauben widder den yrthumb. Datzu yst yhr ding so fynster vnnd auff eyne eygē weiße getzogen / ausser der schryfft weyse tzu reden / das ich besorge / es sey / oder werde nicht lauter bleiben. Deñ es gar ferlich yst von Gottis sachen anders reden / oder mit an dern wortten / denn Gott selbs braucht. Kůrtzlich / sie můgen bey yhn selbs heylig leben vnd leren. Aber weyll sie on sprache bleyben wirt yhn mangeln můssen / das allen andern mangelt / nemlich / das sye die schryfft gewiß vnd grůndtlich nicht handeln / noch andern vǒlckern nůtzlich seyn můgē. Weyl sye aber das wol kůndten thun / vnd nicht thun wǒllen / můgen sye tzusehen / wie es fur Got tzuuerantworten sey.

Nu das sey gesagt von nutz vnd nott der sprachen vnd Christlichen schulen / fur das geystlich wesen vnnd tzur seelen heyl. Nu last vns auch den leyb furnemen / vnd setzen / ob schō keyn seel nach hymel odder helle were / vnnd solten alleyne das tzeitlich regiment ansehen nach der welt / ob dz selb nicht důrffe viel mehr gutter

den Papst und die Sophisten[S] samt dem ganzen antichristlichen Regiment[R] hätte ich dann wohl bleiben lassen, was sie sind. Der Teufel achtet meinen Geist nicht so sehr wie meine Sprache und meine Feder in Sachen der Schrift. Denn mein Geist nimmt ihm nichts als nur mich; aber die Heilige Schrift und die Sprachen machen ihm die Welt zu eng. Das tut ihm Schaden an in seinem Reich.

Ebenso kann ich auch die Waldenserbrüder[R] dafür gar nicht loben, dass sie die Sprachen verachten. Denn auch wenn sie recht lehren würden, so müssen sie doch sehr oft den rechten Text verfehlen; auch müssen sie ungerüstet und ungeeignet bleiben, um für den Glauben gegen den Irrtum zu fechten. Außerdem ist ihre Sache so dunkel und in einer eigenwilligen Art ausgedrückt, abseits von der Weise, wie die Schrift redet, dass ich befürchte, es sei [nicht lauter] oder werde nicht lauter bleiben. Denn es ist ganz gefährlich, von Gottes Sachen anders zu reden oder mit anderen Worten, als Gott sie selbst gebraucht. Kurzum, sie mögen für sich selbst heilig leben und lehren, aber weil sie ohne [Kenntnis der] Sprachen bleiben, wird ihnen mangeln müssen, was allen anderen mangelt, nämlich dass sie die Schrift nicht zuverlässig und gründlich behandeln und anderen Völkern nicht nützlich sein können. Weil sie das aber wohl tun könnten und nur nicht tun wollen, so mögen sie zusehen, wie es vor Gott zu verantworten ist.

4.2 Der weltliche Stand braucht Kenner der (Alten) Sprachen

4.2.1 Bisher fehlte die Bildung der Kinder für den weltlichen Stand

Nun, das sei gesagt von Nutzen und Notwendigkeit der Sprachen und christlichen Schulen für das geistliche Wesen und zum Heil der Seelen. Nun lasst uns auch den Leib vornehmen und [einmal] annehmen, als wäre keine Seele nach Himmel oder Hölle und als sollten wir allein das zeitlich [begrenzte] Regiment nach der Welt betrachten, ob dieses nicht noch in viel höherem Maße gute Schu-

schulen vn̄ gelerter leutte / den das geystliche Denn byßher sych desselben die Sophisten so gar nichts habē angenomen / vnd die schulen so gar auff den geystlichen stād gerichtet / das gleich eyne schande gewesen yst / so eyn gelerter yst ehlich worden / vnnd hat můssen hóren sagen / syhe / der wirt weltlich vnd wil nicht geystlich werdē / gerade als were allein yhr geistlicher stand Got angenem / vnd der welltliche (wie sie yhn nennen) gar des teuffels vnd vnchristlich. So doch dieweyl fur Gott sye selbs des teuffels eygen werden / vnd alleyn dyser arm póffell (wie ynn der Babilonischen gefencknis dem volck Israhel geschach) <vnd> ym land vnd rechten stand ist blieben / vnd die besten vnd óbersten tzum teuffel gen Babilon gefůrt synd mit blattrn¢ vnd kappen.

Nu hie ist nit not zusagen̄ / wie dzs weltlich regimēt ein gótlich ordnūg vn̄ stand ist. Dauō ich sonst so vil gesagt hab / dz ich hoffe / es tzweyffel niemant dran. Sondern ist tzu handeln / wie {22} man feyne geschickte leutt dreyn kriege. Vnnd hye byeten vns die Heyden eyn grossen trutz vnd schmach an / die vortzeyten / sonderlich die Rómer vnd Kriechē / gar nichts gewust habē / ob solicher stand Got gefyele aber nicht / vnd haben doch mit sollichem ernst vnd fleyß / die yungen knaben vnd meydlin lassen lernen vnd aufftzihen / das sye datzu geschickt wůrden / das ich mich vnser Christen schemen muß / wenn ich dran dencke / vnd sónderlich vnser deutschen / die wir so gar stóck vnd thier synd / vnnd sagen thůren. Ja was sollen die schulen / so mann nicht soll geistlich werden? die wir doch wissen oder yhe wissen sollen / wie eyn nótiges vnd nůtzes ding es yst / vnd Got so angenem / wo eyn Fůrst / herr / radman oder was regirenn soll / geleert vnd geschickt yst / den selben standt Christlich tzufůren.

len und gelehrte Leute braucht als das geistliche! Bisher haben sich ja die Sophisten[S] so ganz und gar nicht darum gekümmert; sie haben die Schulen so ganz auf den geistlichen Stand ausgerichtet, dass es geradezu eine Schande gewesen ist, wenn ein Gelehrter in die Ehe getreten ist. Ein solcher hat sich anhören müssen: »Sieh, der wird weltlich und will nicht geistlich werden!« – gerade als wäre allein ihr geistlicher Stand Gott angenehm und der weltliche (wie sie ihn nennen) ganz des Teufels und unchristlich. Derweilen werden sie selbst doch vor Gott dem Teufel zu eigen, und nur dieser arme Pöbel ist (wie das in der babylonischen Gefangenschaft[B] dem Volk Israel geschah) im Land und im rechten Stand geblieben, während die Besten und Obersten zum Teufel nach Babylon geführt worden sind[B] mit Platten [Tonsuren[R]] und Kapuzen.[R]

4.2.2 Im Schulwesen waren die Heiden der Christenheit voraus

Nun ist es hier nicht nötig, davon zu reden, dass das weltliche Regiment eine göttliche Ordnung und Stand ist. (Davon habe ich sonst so viel [schon][L] gesagt, dass ich hoffe, es zweifele niemand daran.) Sondern es ist zu behandeln, wie man feine, geeignete Leute hereinbekommt. Und hier bieten uns die Heiden eine große Herausforderung und Schmach an, die einst – insbesondere die Römer und Griechen – gar nicht gewusst haben, ob dieser Stand Gott gefalle oder nicht, und doch mit solchem Ernst und Fleiß die jungen Knaben und Mädchen haben belehren und aufziehen lassen, damit sie dazu geeignet würden, so dass ich mich unserer Christen schämen muss, wenn ich daran denke, und besonders unserer Deutschen, die wir ja so durchweg Stöcke und Tiere sind, dass wir zu sagen wagen: »Ja, was sollen die Schulen, wenn man nicht geistlich werden soll?« Und dabei wissen wir doch oder sollten doch wenigstens wissen, was für eine nötige und nützliche Sache es ist und wie so gottgefällig, wenn ein Fürst, Herr, Ratsmann oder wer regieren soll, gelehrt und geeignet dazu ist, diesen Stand christlich zu führen!

Wen nu gleich (wie ich gesagt habe) keyn seele were / vn̄ man der schulen vnnd sprachen gar nichts důrffte vmb der schrifft vnd Gottis willen. So were doch alleyn dyse vrsach gnugsam / die aller besten schulen beyde fur knaben vnd meydlin an allen orten auff zurichten / das die welt / auch yhren welt lichen stand eusserlich tzu halten / doch bedarff [f]eyner geschickter meñer vnd frawen. Das die menner wol regirn kůndē land vnd leutt. Die frawen wol tzyhen vnd halten kůndē hauß / kinder / vnd gesinde. Nu sölliche menner můssen aus knaben werden / vnd solliche frawen můssen aus meydlin werden. Darūb ysts zuthun / das man kneblin vnd meydlin datzu recht lere vn̄ aufftzyhe. Nu hab ich drobē gesagt / der gemeyn man thut hie nichts zu / kās auch nicht / wylß auch nicht / weiß auchnit. Fůr stē vn̄ herrn soltēs thun / aber sie habē auff schlitten zufarē / tzutrincken / vnd yn der mumerey tzulauffen / vnd synd beladē mit hohen mercklichen gescheffften des kellers / der kůchen vnd der Kamer. Vnnd obs ettliche gern thetten / můssen sye die andern schewen / das sye nicht fur narren oder ketzer gehalten werden. Darumb wills euch lieben Radtherrn alleyne ynn der hande bleybenn / yhr habt auch raum vnnd fug datzu / besser denn {23} Fůrsten vnnd Herrn.

Ja sprychstu. Eyn yglicher mag seyne tochter vnnd söne wol selber leren oder yhe tzyhen mit tzucht. Antwortt Ja man syhet woll / wie sychs leret vnd tzeucht. Vnnd wenn die tzucht auffs höhist getrieben wird / vnd woll gerett / so kompts nicht ferner / den das eyn wenig eyn eingetzwungen vnd erbar geberde da ist / sonst bleibens gleich woll eytel holtzböcke / die widder hie von noch dauon wyssen tzu sagen / niemant widder radtē noch helffen konnen. Wo man sye aber

4.2.3 Die Bildung junger Leute ist für den Staat notwendig

Selbst wenn es nun (wie ich gesagt habe) keine Seele gäbe und man die Schulen und Sprachen gar nicht bräuchte um der Schrift und Gottes willen, so wäre doch schon allein dies Grund genug, die allerbesten Schulen sowohl für Knaben als auch für Mädchen an allen Orten einzurichten: dass nämlich die Welt, um auch ihren weltlichen Stand äußerlich zu erhalten, doch feine, geeignete Männer und Frauen braucht, so dass die Männer Land und Leute wohl regieren, die Frauen Haus, Kinder und Gesinde wohl erziehen und in Ordnung halten können. Nun, solche Männer müssen aus Knaben werden, und solche Frauen müssen aus Mädchen werden. Deshalb geht es darum, dass man dazu Knaben und Mädchen recht lehre und aufziehe. Nun habe ich oben gesagt: Der gemeine Mann tut hier nichts dazu, kann es auch nicht, will es auch nicht, weiß es auch nicht; Fürsten und Herren sollten es tun. Aber sie haben auf Schlitten zu fahren, zu trinken und in Verkleidungen herumzulaufen; sie sind belastet mit hohen, bemerkenswerten Geschäften des Kellers, der Küche und der Kammer; und wenn einige es gerne täten, müssen sie die anderen scheuen, damit sie nicht für Narren oder Ketzer gehalten werden. Darum wird es euch lieben Ratsherren allein in der Hand bleiben; ihr habt auch Raum und Möglichkeit dazu, besser als Fürsten und Herren.

4.2.4 Die neuen Schulen können mehr leisten als der Heimunterricht

»Ja«, sprichst du, »jeder kann seine Töchter und Söhne wohl selbst lehren oder wenigstens erziehen mit Zucht.« Antwort: Ja, man sieht wohl, wie es mit Lehren und Erziehen steht. Auch wenn die Erziehung mit höchstem Nachdruck betrieben wird und wohl gerät, so kommt es nicht weiter als dahin, dass ein wenig aufgezwungenes und anständiges Benehmen da ist; sonst bleiben sie trotzdem lauter Holzböcke, die weder von dem noch von jenem etwas zu sagen wissen und niemand weder raten noch helfen kön-

leret vnnd tzóge ynn schulen oder sonst / da gelerte vnnd tzůchtige meister vnd meysteryn weren / da die sprachen vnnd andere kůnst vnd hystorien lereten / da wůrden sye hóren die geschichte vnd sprůche aler welt / wie es dyser Stadt / dysem reych / disem Fůrstē / dysem man / disem weibe / gangen were / vnd kůndten also ynn kurtzer tzeit / gleich der gantzen welt von anbegyn / weßen / leben / rath vnnd anschlege / gelingen vnd vngelingen / fur sich fassen / wie ynn eym spiegel / daraus sye denn yhren sinn schicken / vnd sich ynn der welt laufft richten kůnden mit Gottis furcht. Datzu witzig vnd klug werden aus den selben Historiē / was zu sůch en vnd tzu meyden were ynn dißem eusserlichen leben / vnd andern auch darnach radten vnd regirn. Die tzucht aber die mā daheyme on solche schulen furnimpt / die wil vns weyße mach en durch eygen erfarung / ehe das geschicht / so syndt wyr hundert mal tod / vnd habē vnser lebenlang alles vnbedechtig gehandelt / denn tzu eygener erfarung gehórt vil tzeyt.

Weil den das yunge volck muß lecken vnd springen / oder yhe etwas tzuschaffen habē / das es lust ynnen hat / vnnd yhm darynn nicht zu weren yst / auch nicht gut were / das mans alles weret. Warumb soltt man denn yhm nicht solche schulen zurichten vn̄ solche kunst furlegen? Sintemal es ytzt vō gottis gnadē alles also zugericht yst / dz die kind' mit lust vn̄ spiel lerē kůndē / es seyn sprachē oder and' kunst oder historien. Vnd yst yetzt nicht mehr die helle vnnd das fegfewr vnßser schulen / {24} da wyr ynnen gemartertt sind / vber den Casualibus vnd temporalibus / da wir doch nichts den eittel nichts gelerntt haben durch so viel steupen / tzittern / angst vnd jamer. Nympt man so vyl tzeyt vnd můhe / das man dy kynder spielen auff karten / singen / vnd tantzen leret / Warumb nimpt man nicht auch so viel tzeyt / das man sie lesen vnd ander kunst leret / weyl sie jung vnd můssig / geschickt vnnd lůstig da tzů sind? Jch rede fur mich / Wen ich kynder hette vnd vermóchts / Sye musten mir nicht

nen. Wenn man sie aber in Schulen oder sonst lehren und erziehen würde, wo Gelehrte und erziehungsbegabte [Schul-]Meister und Meisterinnen da wären und wo diese Sprachen und andere Wissenschaften[A] und Historien lehrten, da würden sie hören, was in aller Welt geschehen und gesprochen worden ist, wie es dieser Stadt, diesem Reich, diesem Fürsten, diesem Mann, dieser Frau gegangen ist. Sie könnten so in kurzer Zeit gleichsam von Anbeginn der ganzen Welt Wesen, Leben, Rat und Anschläge, Gelingen und Misslingen vor sich stellen wie in einem Spiegel, aus dem sie dann ihre Meinung bilden und sich mit Gottesfurcht in den Lauf der Welt einfügen könnten. Dazu könnten sie aus diesen Historien verständig und klug werden in dem, was in diesem äußeren Leben zu suchen und zu meiden ist, und könnten auch anderen danach raten und Anleitung geben. Die Erziehung aber, die man daheim ohne solche Schulen unternimmt, die will uns weise machen durch eigene Erfahrung. Ehe das geschieht, sind wir hundertmal tot und haben unser Leben lang in Allem unbedacht gehandelt, denn zu eigener Erfahrung gehört viel Zeit.

Weil das junge Volk ausschlagen und springen muss oder jedenfalls etwas zu schaffen haben, worauf es Lust hat, und ihm darin nicht zu wehren ist, so wäre es auch nicht gut, wenn man das alles verwehren würde. Warum sollte man ihm dann nicht solche Schulen einrichten und solche Wissenschaft[A] vorlegen? Ist es doch jetzt alles durch Gottes Gnade so eingerichtet, dass die Kinder mit Lust und Spiel lernen können, gleich, ob es sich um Sprachen oder andere Wissenschaften[A] oder Historien handelt. Es gibt jetzt nicht mehr die Hölle und das Fegefeuer unserer Schulen, in denen wir gemartert worden sind über Kasus und Tempora, wobei wir doch nichts als lauter nichts gelernt haben vor so viel Schlägen, Zittern, Angst und Jammer.[S] Nimmt man so viel Zeit und Mühe, dass man die Kinder Karten spielen, singen und tanzen lehrt, warum nimmt man nicht ebensoviel Zeit, dass man sie lesen und andere Wissenschaften lehrt, solange sie jung sind und Zeit haben, geeignet sind und Lust haben? Ich rede für mich: Wenn ich Kinder hätte und besäße

alleyne dye sprachen vnd hystorien hȯren / sondern auch singen / vnd dye musica mit [der] gantzen mathematica lernen. Den was ist dyß alles / den eyttel kinder spiel? darynnen die Kriech en yhre kynder vor tzeytten tzogen / da durch doch wunder geschickte leut auß worden tzů allerley hernach tůchtig. Ja wye leyd ist mirs ytzt / das ich nicht mehr Poeten vnd hystorien gelesen habe / vnd mich auch die selben nyemand gelernt hat. Ha be dafur můst lesen des teuffels dreck / die Philosophos vnnd Sophisten mit grosser kost / erbeytt / vn̄ schaden / das ich gnug habe dran aus tzufegen.

So sprichstu. Ja wer kan seyner kinder so emperen / vnd alle tzů junckern tziehen? Sye mussen ym hause der erbeyt war ten. &c. Antwort. Jsts doch auch nicht meine meinūg / dz man solche schulen anrichte / wie sie byßher geweßen sind / da eynn knabe tzweintzig oder dreissig jar hat vber dē Donat vn̄ Alex ander gelernt / vnd dennoch nichts gelernt. Es ist ytzt eyn ander welt / vn̄ gehet anders tzů. Meynn meynung ist / das man dye knaben des tags eynn stund odder tzwo lasse tzů solcher schule gehen / vnd nichts deste weniger die ander zeyt / ym haus se schaffen / handtwerck lernen / vnd wo zů man sie haben wil das beydes mitt eynander gehe / weyl das volck jung ist / vnnd gewarten kan. Bringen sie doch sonst wol tzehen mal so vyell zeit zů / mit keulichen schiessen / ball spielen / lauffen / vn̄ rammeln

Also kan eyn meydlin ja so viel tzeyt haben / das des tages eyne stunde tzůr schule gehe / vnd dennoch seyns gescheffts im {25}
hause wol warte / Verschleffts vnd vertantzet vnnd [ver]spielet es doch wol mehr tzeyt. Es feylet alleyn daran / das mann nicht lust

die Möglichkeit dazu, so müssten sie mir nicht allein die Sprachen und Historien hören, sondern auch singen und die Musik samt der ganzen Mathematik lernen.[A] Denn was ist dies alles als lauter Kinderspiel? Darin erzogen die Griechen einst ihre Kinder; dadurch sind aus diesen doch wunderbar geeignete Leute geworden, die nachher zu allem Möglichen tauglich waren. Ja, wie leid ist es mir jetzt, dass ich nicht mehr Dichter und Historien gelesen habe und mich auch niemand sie gelehrt hat! Stattdessen habe ich des Teufels Dreck lesen müssen, die Philosophen und Sophisten[S], mit viel Kosten, Arbeit und Schaden, dass ich genug damit zu tun habe, es auszufegen.

5 Praktische Ratschläge zum Aufbau der neuen Schulen

5.1 Ein geregelter Schulbesuch muss für jedes Kind möglich sein

So sprichst du: »Ja, wer kann seine Kinder so entbehren und alle zu Junkern erziehen? Sie müssen im Hause der Arbeit nachkommen usw.« Antwort: Es ist doch auch nicht meine Meinung, dass man Schulen in der Art einrichten soll, wie sie bisher gewesen sind, wo ein Knabe 20 oder 30 Jahre lang an dem Donat[A] und Alexander[A] gelernt hat und doch nichts gelernt hat. Es ist jetzt eine andere Welt und es geht anders zu. Meine Meinung ist: Man lasse die Knaben täglich eine Stunde oder zwei in eine solche Schule gehen und nichtsdestoweniger die übrige Zeit im Hause schaffen, ein Handwerk lernen und wozu man sie haben will, so dass beides nebeneinander hergeht, solange das Volk jung ist und Fleiß darauf verwenden kann. Bringen sie doch sonst wohl zehnmal so viel Zeit zu mit Kügelchenschießen, Ballspielen, Laufen und Balgen.

So kann auch ein Mädchen ebensoviel Zeit haben, um täglich eine Stunde zur Schule zu gehen und dann doch seinem Geschäft im Haus gut nachzukommen; verschläft und vertanzt und verspielt es doch wohl noch mehr Zeit. Es fehlt allein daran, dass man keine

noch ernst datzu hat / das junge volck zů tzyhen / noch der welt helffen vnd raeten mit feynen leuten. Der teuffell hat vyell lieber grobe blóche vn̄ vnnutze leut / das den menschen ja nicht tzů wol gehe auff erden.

Wilche aber der außbund dar vnter were / der mann sich verhofft / das geschickte leut sollen werden tzů lerer / vn̄ lereryn / tzů prediger vn̄ andern geistlichen emptern / dye sol man deste mer vnd lenger da bey laßen / oder gantz daselbs tzů verordenen / wie wir lesen von den heyligen mertern / dye .S. Hagnes vnd Agata vnd Lucia vnd der gleychen auff tzogen. Daher auch dye klóster vnd stiffte komen sind / aber nu gar yn eynen andern verdampten brauch verkeret. Vnd das wil auch woll not seyn / denn der beschorne hauffe nymptt fast ab / so sind sie auch das mehrer teyl vntůchtig tzů leren vnnd regiren / den sie kůnden nichts / on des bauchs pflegen / Wilchs man auch sie alleyn gelernt hat. So mussen wir ja leut haben / dye vns Gottis wort vn̄ sacrament reychen vnd seel warter seyn ym volck. Wo wóllen wyr sie aber nemen / so man dye schulen zurgehen lest / vnd nicht andere Christlicher auffrichtet? Syntemall dye schulen byßher gehalten / ob sie gleych nicht vergiengen / doch nichts geben můgen / den eyttel verlorne schedliche verfůrer.

Darumb es hohe not ist / nicht alleyne der jungen leut hal ben / sondern auch beyder vnser stende geystlych vnd weltlich tzůr halten / Das man ynn diser sachen / mit ernst vnd ynn der tzeyt datzu thů. Auff das wirs nicht hynden nach / wen wyrs verseumet habenn / villeycht můssen laßen / ob wyrs den gerne thůn

Lust und keinen Ernst dazu hat, das junge Volk zu erziehen und der Welt zu helfen und Rat zu geben mit feinen Leuten. Der Teufel hat viel lieber grobe Blöcke und unnütze Leute, damit es den Menschen ja nicht zu gut gehe auf Erden.

5.2 Nur eine Auslese von Schülern soll in den geistlichen Stand gehen

Diejenigen aber, die darunter eine Auslese wären, von der man sich Hoffnung machen kann, dass geeignete Leute zu Lehrern werden sollen und Lehrerinnen, zu Predigern und anderen geistlichen Ämtern, *die* soll man umso mehr und länger dabei lassen oder ganz dazu bestimmen, wie wir es von den heiligen Märtyrern lesen, die Sankt Agnes und Agathe und Lucia[H] und ihresgleichen erzogen; daraus sind auch die Klöster und Stifte entstanden, die aber nun sich ganz einer anderen, verdammten Tätigkeit zugekehrt haben.[S] Und das wird auch wohl nötig sein, denn der beschorene Haufen [die Mönche mit ihren Tonsuren[R]] nimmt sehr ab; so sind sie auch zum größeren Teil unfähig zu lehren und anzuleiten; denn sie können nichts als ihren Bauch pflegen, was allein man sie ja auch gelehrt hat. Dagegen müssen wir ja Leute haben, die uns Gottes Wort und Sakrament reichen und Seelsorger im Volk sind. Wo wollen wir sie aber hernehmen, wenn man die Schulen zugrunde gehen lässt und nicht andere, christlichere einrichtet? Können die Schulen, die man bisher unterhalten hat, auch wenn sie nicht eingingen, doch nichts anderes schaffen als lauter verlorene, schädliche Verführer!

5.3 Die Einrichtung von Schulen ist jetzt hochnotwendig

Darum ist es hochnotwendig, nicht allein wegen der jungen Leute, sondern auch zur Erhaltung sowohl unserer geistlichen als auch unserer weltlichen Stände, dass man in dieser Sache ernstlich und rechtzeitig etwas dazu tut. Sonst müssen wir es später, wenn wir es versäumt haben, vielleicht unterlassen, obwohl wir es dann gerne

wolten / vnnd vmb sonst den reuling vnns mit schaden beyssen lassen ewyglich. Den Gott erbeut sich reychlich / vnnd reycht die hand dar vnd gybt datzů / was datzů gehoret. Verachten wirs / so habenn wyr schon vnser vrteyl mit dem volck Jsrael / da Jsaias von sagt. Jch habe meyn hand dar gebot{26}ten den gantzen tag dem vngleubigen volck / das mir wydderstrebt. / Vnd Prouer .1. Jch habe meyne hand dar gebotten / vn̄ nyemand wolts ansehenn / yhr habt alle meynen rad verachtet / Wolan so wil ich ewer lachen yn ewerm verderben vnd spot ten / wen vber euch komet ewer vnglůck. &c. da last vns fur hůtten. Sehet ann tzům exempel / wylch eynen grossen fleys der kónig. Salomo hyrinnen than hat / Wie [hat] er sich des jungen volcks angenomen / das er vnder seynen kóniglichen gescheffften auch eyn buch fur das junge volck gemacht hat / das da heyst Prouerbiorum / Vnd Christus selbs / wie tz[e] ucht er dye jungen kynd lin tzů sich? wie fleyssyg befilhet er sie vns / vnd růmet auch die engel / die yr warten. Mat. am .18. das er vns antzeyge / wye eyn grosser dienst es ist / wo man das junge volck wol tzeucht. Wy derumb wie grewlich er tzurnet / so man sie ergert vnnd so verderben lesset.

Darumb lyebenn herrn / laßt euch das werck anligenn / das Got so hoch vonn euch foddert / das ewer ampt schuldig ist / das der jugent so not ist / vnd des wydder welt noch geyst empern kan. Wyr sind leyder lang gnug yhm finsternis verfaulet vn̄ verdorben. Wir sind alzů lange gnug deutsche bestien gewe sen. Last vns eyn mal auch der vernunfft brauchen / das Gott mercke dye danckbarkeytt seyner gůter / vnd ander lande sehen / das wyr auch menschen vnnd leute sind / dye etwas nůtzlichs entweder vō in lernen oder sie leren kunden / da mit auch durch vns die welt bessert werde. Jch habe das meyne gethan. Jch wolt ye Deutschem lande gerne geraten vnd geholffen haben ob mich gleich etlich darůber werden verachten vnd solichen trewen rad yn wind schlahen / vnd bessers

tun wollten, und müssen uns umsonst von der Reue zu unserem Schaden ewig quälen lassen. Denn Gott bietet sich uns reichlich an und streckt uns die Hand hin und gibt uns alles, was dazu gehört. Verachten wir es, so haben wir schon unser Urteil zusammen mit dem Volk Israel, von dem Jesaja [65,2] sagt: »Ich habe meine Hand den ganzen Tag dem ungläubigen Volk dargeboten, das mir widerstrebt.« Und Proverbien 1 [Spr 1,24 ff.]: »Ich habe meine Hand dargeboten und niemand wollte es sehen; ihr habt alle meinen Rat verachtet. Wohlan, so will ich über euch lachen, wenn ihr verderbt, und will spotten, wenn euer Unglück über euch kommt usw.« Davor wollen wir uns hüten. Seht als Vorbild an, welch großen Fleiß der König Salomon hierauf verwendet hat! Wie hat er sich des jungen Volkes angenommen, wenn er unter seinen königlichen Geschäften sogar ein Buch für das junge Volk verfasst hat, welches »Proverbien« heißt [1. Kön 5,12]! Und Christus selbst, wie zieht er die jungen Kindlein zu sich [Mt 19,13 ff.], wie fleißig befiehlt er sie uns an [Mt 18,5 ff.] und rühmt auch die Engel, die über sie wachen Matthäus 18 [10], um uns zu zeigen, was für ein großer Dienst es ist, wenn man das junge Volk gut erzieht; umgekehrt, wie schrecklich er zürnt, wenn man sie [die Kinder] verärgert und sie so verderben lässt.

Darum, liebe Herren, lasst euch das Werk ein Anliegen sein, das Gott so dringend von euch fordert, das eurem Amt obliegt, das für die Jugend so nötig ist und das weder die Welt noch der Geist [also weder der weltliche noch der geistliche Stand] entbehren kann. Wir sind leider lange genug in der Finsternis verfault und verdorben. Wir sind allzu lange genug deutsche Bestien[S] gewesen. Lasst uns auch einmal die Vernunft gebrauchen, dass Gott die Dankbarkeit für seine Güter merke und dass andere Länder sehen, dass wir auch Menschen sind und Leute, die etwas Nützliches entweder von ihnen lernen oder sie lehren können, damit auch durch uns die Welt verbessert werde. Ich habe das Meine getan. Ich wollte jedenfalls dem deutschen Land gerne geraten und geholfen haben, auch wenn mich einige deswegen verachten und diesen treuen Rat in

wissen wollenn / das mus ich geschehen lassenn. Jch weyl¢ wol / das andere kůndten besser habē außgericht / auch weil sie schweigen / richt ichs auß so gut als ichs kan. Es ist ye besser dazů gered / wie vngschickt es auch sey / den aller dinge dauon geschwigen. Vnd byn der hoffnung / Got werde ye ewer etliche erwecken / das mein trew {27}er rad nicht gar yn dye asschen falle / vn̄ werden ansehen / nycht den der es redt / sondern dye sach selbs bewegen vnd sich bewegen lassenn.

Am letzten ist auch das wol tzů bedencken / allen den jenigē so lyeb vn̄ lust haben / das solche schulen vn̄ sprachen yn Deut schen landen auffgericht vnd erhalten werden / das man fleyß vnd koste nicht spare / gut librareyen odder bůcher heuser / sondlich yn den grossen stedten / die solichs woll vermůgen / tzůuerschaffen. Den so das Euangelion vnd allerley kunst sol bleybē / mus es ye yn bůcher vnd schrifft verfassett vnnd angebunden seyn. Wie die Propheten vnd Apostel selbs gethan haben / alls ich droben gesagt habe. Vnnd das nicht alleyne darumb / das dye yenigen / so vns geystlich vnd weltlich fůrstehen sollen / tzů lesen vnd studirn haben / sonder das auch dye guten bůcher be halten vnd nicht verloren werden sampt der kunst vnd sprach en / so wir ytzt von Gottis gnaden haben. Hierynnen ist auch S. Paulus fleyssig gewesen / da er Timotheo befilhet / er solle an halten am lesen vnnd auch befilht / ehr solle das pergamen tzů Troada gelassen / mit sich bringen.

Ja solchs haben sich geflissen alle kônigreyche / die etwas sonderlichs gewesen sind / vnnd tzůuor das Jsraelische volck / vnter

den Wind schlagen werden und es besser wissen wollen; das muss ich geschehen lassen. Ich weiß wohl, andere hätten das besser fertigbringen können; doch weil sie schweigen, richte ich es aus, so gut ich es kann. Es ist jedenfalls besser, etwas dazu zu sagen, mag es auch ungeschickt sein, als überhaupt davon zu schweigen. Und ich bin der Hoffnung, Gott werde wenigstens einige von euch erwecken, damit mein treuer Rat nicht ganz in die Asche falle; und [diese] werden nicht den ansehen, der es sagt, sondern die Sache selbst bewegen und sich bewegen lassen.

6 *Auch der systematische Aufbau von Bibliotheken ist nötig*

6.1 Gute Bücher müssen vor dem Verderb bewahrt werden

Zuletzt ist auch noch das wohl zu bedenken für alle diejenigen, die Liebe und Lust dazu haben, dass solche Schulen und [Lehre in den] Sprachen in deutschen Landen eingerichtet und unterhalten werden: Man darf Fleiß und Kosten nicht sparen, um gute Bibliotheken oder Bücherhäuser zu schaffen, besonders in den großen Städten, die so etwas wohl vermögen. Denn wenn das Evangelium und Wissenschaft aller Art bleiben soll, muss es jedenfalls in Buch und Schrift gefasst und festgelegt sein – so haben es die Propheten und Apostel selbst getan, wie ich oben gesagt habe. Und das nicht allein dazu, dass diejenigen, die uns geistlich und weltlich vorstehen sollen, dort lesen und studieren können, sondern auch damit die guten Bücher erhalten werden und nicht verloren gehen samt der Wissenschaft und den Sprachen, die wir jetzt durch Gottes Gnade haben. Hierin ist auch Sankt Paulus fleißig gewesen, da er dem Timotheus befiehlt, er solle anhaltend lesen [1. Tim 4,13], und auch befiehlt, er solle das Pergament mit sich bringen, das in Troas zurückgelassen war [2. Tim 4,13].

Ja, um solches haben sich alle Königreiche fleißig bemüht, die etwas Besonderes gewesen sind, und zwar zuerst das Volk der Israe-

wilchen solchs werck Mose anfieng der erste / vnd hyes das buch des gesetzs yn dye lade Gottis verwaren / vnnd thets vnter die hand der Leuiten / das man bey den selben solt holenn abschrifft / wer es bedůrffte / also / das er auch dem Koͤnige gepeut / er solle von den Leuiten solchs buchs abschrifft nemen. Das man wol sihet / wye Got das Leuitische Priesterthum vn ter andernn gescheflten / auch datzů verordenet hatt / das sie der bůcher hůtten vnd warten sollten. Nach dem hat dise lebrarey¢ gemeret vnd gebessert Josua / darnach Samuel / Dauid / Salo mo / Jsaias / vnd so fort an vyell mehr Koͤnige vnd Propheten. Da her ist komen die heylige schrifft des Alten Testamēts / wilche sonst nymer mehr were tzů samen bracht odder blieben / {28} wo got nicht thette¢ sollichen fleyß drauff heissen haben:

Dem exempel nach / haben auch die stiffte vnd kloͤster vor tzeittē Librarien angericht / wiewol mit wenig gutten bůchern. Vnd was [es] <er> fur schaden than hat / das man tzu der tzeyt nicht drob gehalten hatt / bůcher vnd gutte librarien tzu verschaffen / da man bůcher vnd leute gnug datzu hatte / yst man darnach woll gewar worden / das leyder mit der tzeit dahyn gefallen ist alle kunst vnd sprachen. Vnd an stat rechtschaffener bůcher / die tollen vnnůtzen schedlichen Můniche bůcher / Catholicon / Florista / Grecista / Labyrinthus / Dormi secure / vnd der gleichē Esels myst vom teuffel eingefurt yst / dz damit die Lateynische sprache tzu bodē ist gangen / vnd nyrgent keyn geschickte schule noch lare noch weiße tzu studirn yst vber blieben. Vnd wie wir erfaren vnd gesehen haben / das mit so vil můhe vnd erbeit man die sprachen vnnd kunst / dennocht gar vnnolkomen¢ aus etlichen brocken vnd stůcken allter bůcher / aus dem staub vnd wůrme[r]n widder erfůr bracht hat / vn̄ noch teglich dran sůcht vnd arbeyt / gleich wie man ynn eyner tzustoͤreten Stadt yn der asschen nach den schetzen vnnd kleynoten grebt.

liten. Unter ihnen fing Moses dieses Werk als der erste an; er hieß das Buch des Gesetzes in der Lade Gottes verwahren und tat es unter die Hand der Leviten [5. Mose 31,25 f.], dass man bei diesen eine Abschrift holen sollte, wer es brauchte. So gebietet er sogar dem König, er solle von den Leviten eine solche Abschrift des Buchs nehmen [5. Mose 17,18]. Daraus sieht man deutlich, wie Gott das levitische Priestertum neben anderen Geschäften auch dazu bestimmt hat, dass sie die Bücher hüten und verwalten sollten. Später hat diese Bibliothek Josua vermehrt und verbessert, danach Samuel, David, Salomon, Jesaja und so weiter noch viel mehr Könige und Propheten. Daraus ist die Heilige Schrift des Alten Testaments entstanden, die sonst niemals zusammengebracht worden oder erhalten geblieben wäre, wenn Gott nicht befohlen hätte, solchen Fleiß darauf zu verwenden.

Diesem Vorbild nach haben auch die Stifte und Klöster einst Bibliotheken eingerichtet, allerdings mit wenig guten Büchern. Was es für einen Schaden verursacht hat, dass man nicht darauf gehalten hat, Bücher und gute Bibliotheken zu der Zeit zu schaffen, als man Bücher und Leute genug dazu hatte, dessen ist man nachher wohl gewahr worden. Leider sind nämlich mit der Zeit alle Wissenschaften und Sprachen dahingefallen; und anstelle rechtschaffener Bücher sind die verrückten, unnützen, schädlichen Mönchsbücher, *Catholicon*, Florista, Graecista, *Labyrinthus*, *Dormi secure*[A] und dergleichen Eselsmist vom Teufel eingeführt worden. Damit ist die lateinische Sprache zugrunde gegangen; nirgends ist mehr eine geeignete Schule, Lehre oder Weise des Studiums übrig geblieben. Wie wir es [nun in unserer Gegenwart] erfahren und gesehen haben, hat man mit so viel Mühe und Arbeit die Sprachen und Wissenschaft – und dann doch ganz unvollkommen – aus einigen Brocken und Stücken alter Bücher aus dem Staub und den Würmern wieder an den Tag gebracht;[S] auch sucht und arbeitet man noch täglich daran weiter, wie man in einer zerstörten Stadt in der Asche nach Schätzen und Kleinodien gräbt.

Darynn yst vns auch recht geschehen vnd hatt / Got vnser vndankberkeyt recht woll betzalet. Das wir nicht bedachten seine wolthatt / vnnd vorrat schaff[t]en / da es tzeit war / vnnd woll kundten / damit wir gůte bůcher vnnd gelerte leutt hetten behalten / liessen es so faren / als gienge es vns nicht an. Thett er auch widderumb / vnd ließ an stadt der heyligen schrifft vnnd gutter Bůcher den Aristotelem komenn mit vntzelichen schedlichen bůchern die vns nůr ymer weyter von der Biblien fůreten. Datzu die Teuffels laruen / die Můniche vnnd der hohen schulen gespenst / die wir mit vnmenschlichem gutt gestyfft vn̄ vil Doctores / Predicatores / Magistros Pfaffen vn̄ můnicche / das yst / grosse / grobe / fette Esel / mit rotten vnd braunen parreten geschmuckt / wie die saw mit eyner gůlden keten vnnd perlen / erhalten / vnd auff vns selbs geladen haben / die vns nichts {29} guts lereten / sondern nur ymer mehr blinder vnd toller machten / vnnd dafůr alle vnser gut fressen vnnd samleten nur des drecks vnnd mistes yhrer vnfletigen gyfftigen bůcher alle klóster / ya alle winckel voll / das grewlych tzudencken yst.

Jsts nicht eyn elender yamer byßher gewesen / dz eyn knabe hat můssen tzwentzig jar oder lenger studirenn / alleyn / das er so vill bóses lateynisch hat gelernt / das er mócht Pfaff werden vnd Meß lesen? Vnnd wylchem es dahyn komen yst / der yst selig gewest. Selig yst die mutter gewest / die eyn sóllch kind getragen hatt. Vnd yst doch eyn armer vngelerter mensch sein lebenlang bleyben[$] / der widder tzu glucken noch tzu eyer legenn getůcht hatt. Solche lerer vnnd meyster haben wir můssen allenthalben haben / die selbs nichts gekundt / vnnd nichts guts noch rechts haben můgen lerē / ya auch die weyse nicht gewist / wie man doch lernen dnd[¢] leren solte. Wes ist die schuld? Es syndt keyn ander bůcher furhanden gewest / denn solche tolle Můniche vnnd Sophisten bůcher. Was solten denn anders draus werden / denn eittel tolle schůler vnd lerer / wie die bůcher waren die sye lereten. Eyn dole hecket keyne

6.2 Gute Bücher nicht zu sammeln ist schädlich

Darin ist uns auch Recht geschehen, und Gott hat unsere Undankbarkeit recht wohl bezahlt. Denn wir bedachten seine Wohltat nicht und schufen keinen Vorrat, als es noch Zeit war und wir es wohl hätten tun können, womit wir gute Bücher und gelehrte Leute behalten hätten. Wir ließen es so fahren, als ginge es uns nichts an. Da handelte er [Gott] auch umgekehrt und ließ statt der Heiligen Schrift und guter Bücher den Aristoteles kommen mit unzähligen schädlichen Büchern, die uns nur immer weiter von der Bibel wegführten, dazu die Teufelslarven, die Mönche und das Blendwerk der Hochschulen,[S] die wir mit unmenschlich viel Gut gestiftet und viele Doktoren, Prediger, Magister, Pfaffen und Mönche – das heißt: große, grobe, fette Esel, mit roten und braunen Baretten geschmückt wie die Sau mit einer goldenen Kette und Perlen – unterhalten und uns selbst aufgeladen haben. Sie lehrten uns nichts Gutes, sondern machten uns nur immer blinder und verrückter, und fraßen dafür all unser Gut und sammelten nur den Dreck und Mist ihrer unflätigen, giftigen Bücher, alle Klöster, ja alle Winkel voll, dass es schrecklich zu denken ist.

Ist es nicht ein elender Jammer bisher gewesen, dass ein Knabe 20 Jahre oder länger hat studieren müssen, nur um so viel böses Latein zu lernen, dass er Pfaffe werden und Messe lesen konnte? Und wo es einer so weit gebracht hat, der ist selig gewesen; selig ist die Mutter gewesen, die ein solches Kind getragen hat. Und doch ist er sein Leben lang ein armer, ungelehrter Mensch geblieben, der weder zum Glucken noch zum Eierlegen getaugt hat. Solche Lehrer und [Schul-]Meister haben wir überall haben müssen, die selbst nichts gekonnt und nichts Gutes und Rechtes haben lehren können, ja, die auch nicht die Methode gekannt haben, wie man doch lernen und lehren sollte. Wer hat die Schuld daran? Es sind keine anderen Bücher zur Hand gewesen als solche verrückten Mönchs- und Sophistenbücher. Was sollte dann anderes daraus hervorgehen als lauter verrückte Schüler und Lehrer, wie die Bücher waren, aus

tauben / vn̄ eyn narr machet keyn klugē. Das yst der lohn der vndanckbarkeyt / das man nicht hat fleyß an librareyē gewendet / sondern hat lassen die gutten bůcher vergehen / vnd die vnnůtzen behalten.

Aber meyn rad yst nicht / das man on vnterscheyd$ allerley bůcher tzu hauffe raffe / vnnd nicht mehr gedencke / denn nur auff die menge vnd hauffen bůcher. Jch wolt die wal drunder habē / das nicht not sey / aller Juristen Cōment / aller Theologen Sententiarum vnd aller Philosophen Questiones / vnd aller Můniche Sermones tzusamlen. Ja ich wolt solchē mist gantz außstossen / vnd mit rechtschaffenē bůchern meyne libra rey versorgen / vnd gelerte leut darůber tzu rad nemen. Erstlich solt die heylige schryfft beyde auff lateinisch / Kriechisch / Ebreysch / vnd deutsch / vnd ob sye noch ynn mehr sprachen were / drynnen seyn. Darnach die besten außleger vnnd die Eltisten {30} beyde Kriechisch / Ebreisch / vnd Lateynisch / wo ich sye fyndē kůnde. Darnach sólche bůcher / die tzu den sprachen tzu lernen dienen / alls die Poeten vnd Oratores / nicht angesehē ob sye heiden oder Christē weren. Kriechisch oder Lateynisch. Den̄ aus sólchen muß man die Gramatica lernen. Darnoch solten sein / die bůcher von den freien kůnsten / vnd sonst von allen andern kůnsten. Zu letzt auch der Recht vnd Ertzeney bůcher. Wiewol auch hie vnter den Commenten einer gutten wal nott ist.

Mit den fůrnemsten aber solten seyn die Chronicken vnnd Historien / wasserley sprachen man haben kůnde. Denn die selben wunder nůtz synd / der welt lauff tzuerkennen vnd zu regiren. Ja auch Gottis wund' vnd werck tzusehē. O wie manche feyne geschichte vnd sprůche solt man ytzt haben / die yn deutschen landē geschehen vnd gangen synd / der wir ytzt gar keins wyssen /

denen sie lehrten? Eine Dohle bringt keine Tauben hervor und ein Narr macht keinen Klugen. Das ist der Lohn der Undankbarkeit, dass man keinen Fleiß auf Bibliotheken verwendet hat, sondern die guten Bücher hat vergehen lassen und die unnützen behalten.

6.3 Die Auswahl der Bücher muss sorgfältig bedacht werden

Aber mein Rat ist nicht, dass man unterschiedslos alle möglichen Bücher auf einen Haufen raffe und auf nichts weiter bedacht sei als nur auf die Menge und den Haufen der Bücher. Ich wollte die Wahl unter ihnen haben, damit es nicht nötig sei, aller Juristen *Commentaria,* aller Theologen *Sententiae,* aller Philosophen *Quaestiones* und aller Mönche *Sermones* zu sammeln.[S] Ja, ich wollte diesen Mist ganz hinauswerfen und meine Bibliothek mit rechtschaffenen Büchern versorgen und gelehrte Leute darüber zu Rate ziehen. An erster Stelle sollte die Heilige Schrift darin sein, auf Lateinisch, Griechisch, Hebräisch und Deutsch und wenn es sie noch in mehr Sprachen gäbe; sodann die besten Ausleger und die ältesten, auf Griechisch, Hebräisch und Lateinisch, wo ich sie finden könnte; dann solche Bücher, die zum Erlernen der Sprachen dienen, wie die Dichter und Redner, griechisch oder lateinisch, ohne Rücksicht darauf, ob es Heiden oder Christen sind; denn aus diesen muss man die Grammatik lernen. Weiter sollten die Bücher von den Freien Wissenschaften [*artes liberales*][A] da sein und sonst von allen anderen Wissenschaften; zuletzt auch die Rechts- und Arzneibücher, obwohl auch hier unter den *Commentaria* eine gute Auswahl nötig ist.

Zu den vornehmsten [Büchern] aber sollten die Chroniken und Historien gehören, in welcher Sprache man sie haben könnte. Denn diese sind wundernützlich, um den Lauf der Welt zu erkennen und um zu regieren, ja auch, um Gottes Wunder und Werke zu sehen. O, wie manche feine Geschichten und Aussprüche sollte man jetzt haben, die in deutschen Landen geschehen und ergangen sind, von

das macht / niemant jst da gewesen / der sie beschrieben / oder ob sie schon beschrieben gewest werē / niemant die bůcher gehalten hatt / darumb man auch vonn vns Deutschen nichts weyß ynn andern landen / vnd můssen aller welt die Deutschen bestien heyssen / die nichts meer kůnden / den kriegen vnd fressen / vnnd sauffen. Aber die Kriechischen vnnd Lateynischen. Ja auch die Ebreischen haben yhr ding so gnaw vnd fleissig beschriebē / das / wo auch eyn weyb oder kindt etwas sônderlichs gethan oder geredt hatt / das muß alle welt lesen vnnd wyssen / dieweil synd wir Deutschen noch ym̅er Deutschen / vnd wôllē deutsche bleyben.

Weill vns denn ytzt Gott so gnediglich beratten hatt / mit aller fůlle / beyde der kunst / gelerter leutte vn̄ bůcher / so ysts tzeit / das wir erndten vnd einschneitten das beste / das wir kůnden / vnd schetze samlen / damit wir etwas behallten auff dz zukůnftige von dysen gůlden yaren / vnd nicht dyße reiche erndte verseumen. Denn es tzu besorgen yst / vnd ytzt schon widder anfehet / das man ymer new vnd ander bůcher macht / das tzu letzt dahyn kome / das durch des teuffels werck die gutten bůcher / {31} so ytzt durch den druck erfur bracht syndt / widderumb vnterdruckt werden / vnd die losen heylosen bůcher von vnnůtzē vn̄ tollē dingē wider ein reissen vud¢ alle winckel fůllē. Den̄ damit geht d' teufel gewyßlich vmb / dz man sich widderūb mit eytel Catholicon / Floristen / Modernisten vnd des verdāpten Můnichen vnd Sophisten mists / tragen vnnd martern můsse / wie vorhynn / vnd ymer lernen vnnd doch nymer nichts erlernen.

denen wir jetzt gar nichts wissen! Das kommt daher, dass niemand da gewesen ist, der sie aufgeschrieben hätte; oder wenn sie schon aufgeschrieben gewesen wären, dass niemand die Bücher aufbewahrt hat. Darum weiß man auch von uns Deutschen nichts in anderen Ländern; wir müssen in aller Welt die deutschen Bestien[S] heißen, die nichts sonst können als Krieg führen, fressen und saufen. Die Griechen und Lateiner dagegen, ja auch die Hebräer haben ihre Sachen so genau und fleißig beschrieben, dass alle Welt es lesen und wissen muss, auch wo nur eine Frau oder ein Kind etwas Besonderes getan oder geredet hat. Indessen sind wir Deutsche noch immer Deutsche und wollen Deutsche bleiben.

6.4 Jetzt ist die Zeit für den Aufbau von Bibliotheken

Weil denn Gott jetzt so gnädig Rat für uns geschaffen hat mit aller Fülle der Wissenschaft, gelehrten Leuten und Büchern, so ist es Zeit, dass wir ernten und das Beste einbringen, was wir können, und Schätze sammeln, damit wir von diesen goldenen Jahren etwas für die Zukunft aufbewahren und nicht diese reiche Ernte versäumen. Denn es ist zu befürchten – und es fängt jetzt schon wieder an – dass man immer neue und andere Bücher macht, so dass es zuletzt dahin kommt, dass durch des Teufels Werk die guten Bücher, die jetzt durch den Druck herausgebracht worden sind, wieder unterdrückt werden und die losen, heillosen Bücher von unnützen und verrückten Dingen wieder einreißen und alle Winkel füllen. Denn gewiss geht der Teufel damit um, dass man sich wieder mit lauter *Catholicon* [A], Florista[A], Modernisten[S] und dem verdammten Mönchs- und Sophistenmist[S] abschleppen und martern muss wie früher, und dass man immer lernen muss und doch nimmer etwas erlernt.

Derhalben bitt ich euch meyne liebē herrn / wo̊llet dyse meine trewe vnd fleyß / bey euch lassen frucht schaffen. Vnnd ob etlich weren / die mich tzugeringe dafur hieltenn / das sie meins radts solten leben / oder mich als den verdampten von den tyrannen / verachten / die wolten doch das ansehen / das ich nicht das meyne / sondern alleyn des gantzen Deutschē landes glůck vnd heyll sůche. Vnd ob ich schon eyn narr were / vnnd treffe doch was guts / solts yhe keinem weysen eyn schande důnckē / mir tzufolgen. Vnd ob ich gleich eyn Tůrcke vnd heyde were / so man doch sihet / das nicht mir darauß kan der nutz komē / sondern den Christen / so̊llen sie doch billich meinē dienst nicht verachten. Eshatt wol ehe mals eyn narr baß tzugeratten / den̄ eyn gantze[r] rath der klugen. Mose můste sich von Jetro leren lassen. Hiemit befylh ich euch alle Gottis gnadē / der wo̊lt ewer hertzen erweichē vnd antzůndē / das sie sich der armen / elenden / verlassenē yugent mit ernst annemē / vnd durch Go̊tliche hilffe / jhn radten vnnd helffen zu seligem vnd Christlichem regimēt deutsches lands an leyb vnd seel mit aller fůlle / vnd vberfluß zu lob vnd ehren Got [dem] <dez> vatter durch Jesum Christum vnsern heyland. Amen.

<¶ Gedruckt tzů Erffordt / tzů dem puntten Lauwen bey .S. Pauel. 1524.>

{32} VACAT

7 Schluss: Luther fordert die Ratsherren auf, jetzt zu handeln

Deshalb bitte ich euch, meine lieben Herren, ihr wollet diese meine Treue und Fleiß bei euch Frucht schaffen lassen. Und wenn einige da wären, die mich zu gering dafür halten, dass sie meinem Rat entsprechend leben sollten, oder die mich als den [Mann] verachten, der von den Tyrannen verurteilt wurde,[L] die mögen doch darauf sehen, dass ich nicht das Meine, sondern allein des ganzen deutschen Landes Glück und Heil suche. Und auch wenn ich ein Narr wäre und träfe doch etwas Gutes, so sollte es keinem Weisen als eine Schande erscheinen, mir zu folgen. Und selbst wenn ich ein Türke oder Heide wäre – wo man doch sieht, dass nicht für mich ein Nutzen herauskommt, sondern für die Christen, so sollten sie doch billigerweise meinen Dienst nicht verachten. Es hat wohl einst ein Narr besseren Ratschlag gegeben als ein ganzer Rat von klugen Leuten: Moses musste sich von Jethro lehren lassen [2. Mose 18,17 ff.]. Hiermit befehle ich euch alle der Gnade Gottes an: Der wolle eure Herzen erweichen und anzünden, dass sie sich der armen, elenden, verlassenen Jugend mit Ernst annehmen und mit Gottes Hilfe ihnen raten und helfen zu einem seligen und christlichen Regiment deutschen Landes, an Leib und Seele mit aller Fülle und Überfluss, zu Lob und Ehren Gott dem Vater durch Jesus Christus, unseren Heiland. Amen.

¶ Gedruckt zu Erfurt (im Haus) Zu dem Bunten Löwen bei St. Paul. 1524.

Die Vorlage umfasst 32 Seiten, von denen die zweite und die letzte unbedruckt sind; einzelne Seiten sind zur Erleichterung der Arbeit des Buchbindens markiert (etwa B, B ij, B iij). Nur in der Kopie sind im Kolumnentitel die Seiten von 1 bis 32 durchgezählt: Diese Seitenzahlen erscheinen in der Transkription in geschweiften Klammern.

An die Radherrn aller ſtedte deutſches lands: das ſie Chriſtliche ſchulen auffrichtenn vnd halten ſollen.

Martinus Lutther. Wittemberg. M. D. X X iiij.

Laſſt die kynder tzů mir komen vnnd weret yhnen nicht Mat. 19.

VACAT

An die Burgermeyster vnd Rad/herrn allerley stedte yn Deutschen landen Martinus Luther.

Gnad vñ frid von Got vnßerm vater vñ herrn
Jhesu Christo. Fürsichtigen weyszen lyeben
herrn/ Wye wol ich nu wol drey jar verbannet
vnd yhnn dye acht gethan/hette sollen schwey-
gen/wo ich menschen gepot mehr den Got ge
schewet hett/wye den auch vyel yhnn deutschen landen/beyde
gros vnd kleyn/meyn reden vnd schreiben auß der selben sach
noch jmer verfolgen/vnnd vyel bluts drůber vergyessen. Aber
weyl myr Got den mund auff gethan hat vnd mich heyssen
reden/datzů so krefftiglich bey myr stehett/vñ meyne sache/on
meynen rad vnd that/so vyel stercker macht vnd weytter auß
breyt/so vyel sie mer toben/vnd sich gleych stellet/als lache vñ
spotte er yhrs tobens/wye der ander psalm sagt. An wilchem
alleyne merckenn mag/wer nicht verstockt ist/das dyse sache
můß Götes eygẽ seyn. Syntemal sich die art Götlichs worts
vnnd wercks hye euget/wilchs allzeyt/denn am meysten tzů-
nimpt/wen mans auffs höhist verfolget vnd dempffen wyl.

Darumb wil ich reden (wye Jsaias sagt) vñ nicht schwey
gen/weyl ich lebe/byß das Chustus gerechtigkeyt auß breche
wye eyn glantz/vnd seyn heylbertige gnad wye eyn lampe an-
tzündet werde/vnd bitte nu euch alle meyne lyeben herrn vnd
fründe/wöltet dyse meyne schrifft vnnd ermanung fründlich
annemen vnd tzů hertzen fassen. Den/ich sey gleych an myr sel
ber/wie ich sey/so kan ich doch fur Got mit rethtem gewissen
rhůmen/das ich darynnen nicht das meyne suche/wilchs ich
vyel bas möcht mit stille schweygen vberkomen/sondern mey
ne es von hertzen trewlich mit euch vnd gantzem deutschenn
land/da hyn mich Got verordenet hat/es glewbe odder glew
be nicht/wer do wyl. Vnd wyl ewer lyebe das frey vñ getrost

on tzweyffel nicht mir/sondern Christo gehorchett. Vnd wer myr nicht gehorchet/nicht mich/sondn̄ christon veracht. Den ich weiss ye woll/vnd byn gewiss/was vnd wo hin ich rede odder leer/so wirds auch yedermann wol selbs spůren/so ehr meyne lere recht wil ansehen.

Auffs erst/erfaren wir yetzt in deutschen landen durch vñ durch/wie mann allenthalben dye schulen tzůr gehen lest/dye hohen schulen werden schwach/klöster nemen ab/vnd wyl solichs gras dürre werden/vnd dye blume felt dahyn/wie Isaias sagt/weyl der geyst Gottis durch seyn wordt dreyn webet/vnd scheynet so heys drauff durch das Euangelion. Den nu durch das wort Gottis kund wirt/wie solch wesen vnchristlich vnd nur auff den bauch gericht sey. Ja weyll der fleyschliche hauffe siehet/das sie yhre söne/töchter vnd freunde/nicht mehr sollen odder mügen in klöster vnd stifft verstossen/vnd aus dem hause vnd gut weysen/vnd auff frembde gütter setzen/wil nyemand mer lassen kinder leren noch studiern. Ja sagen sie/Was sol man lernen lassen/so nicht Pfaffen/Münich vnd Nonnen werden sollen? Mann las sie so mehr leren/damit sie sich erneren.

Was aber solche leut für andacht vnd ym syn haben/tzeuget gnugsam solch yr eygen bekentnus. Den wo sie hetten nicht allein den bauch vnd tzeitliche narung für yre kinder gesucht in klöstern vnd stifften oder ym geystlichen stand/vnnd were yr ernst gewest/der kinder heyl vnd seligkeyt zů suchen/so würden sie nichtt so dye hende ablassen vnd hynfallen vnd sagen Sol der geystliche stand nichts seyn/so wöllen wir auch das leren lassen anstehen vnd nichts datzů thůn/sondern würden also sagenn/Ists war wie das Enangelion leret/das solcher stand vnsern kindern ferlich ist/Ach lieber so leret vnns doch eyne ander weyse/dye Got gefellig vnd vnsern kyndern seliglich sey. Den wyr wölten ja gerne vnsern lieben kyndern nicht alleyn den bauch/sondern auch dye seel versorgen/das werdē freylich rechte Christlich trewe eltern vō solchen sachē reden.

Das aber der böſe teufel ſich alſo zur ſache ſtellet/vñ gibet
ſolchs eyn den fleiſchlichē weltherzen/die kinder vñ das jun=
ge volck ſo tzůuerlaſſen/iſt nycht wunder/vñ wer wils jn ver
denckē? Er iſt ein furſt vñ got der welt/Dz er nu des ſolt eyn
gefallen tragē/das im ſeine neſter/die klöſter vñ geiſtliche rottē
verſtöret werden durchs Euāgelion/jn wilchen er aller meyſt
das junge volck v̊derbet/an wilchen im gar viell/ja gantz vñ
gar gelegen iſt/wie iſts můglich? Wie ſolt er das zůgeben od̃
anregen/dz man jung volck recht auff tzihe? ja ein narre were
dz er yn ſeinem reich ſolt das laſſen vñ helffen auffrichten/da
durch es auffs aller ſchwindeſt můſte zů bodē gehen/wie den
geſchehe/wo er das niedliche biſzlin die liebe jugent verlöre/vñ
leiden muſte/das ſie mit ſeiner köſte vñ gůtter erhalten würdē

Darūb hat er faſt weyſlich than (tzů Gottis dienſt.
tzů der tzeit da die Chriſten jre kinder Chriſtlich auff tzogē vñ
lerē lieſſen. Es wolt jm der junge hauffe zů gar entlauffen vñ
in ſeinē reich ein vnleidlichs auffrichtē. Da fur er tzů/vñ breit=
tet ſeine netze auſz/richte/ſoliche klöſter/ſchulen vnd ſtende an/
das es nicht můglich war/das ym eyn knabe het ſollē entlauf
en on/ſondlich gotis wunder Nu er aber ſihet/das diſe ſtricke
durchs Gottis wort verraten werden/feret er auff dye ander
ſeytten/vnd wil nu gar nichts laſſen lernen. Recht vnd weyſz
lich thut er abermal fur ſeyn reich tzůerhalten/das im der jun=
ge hauffe ja bleib. Wen er den ſelben hat/ſo wechſt ehr vnter
ym auff/vñ bleibt ſein/wer wil ym etwas nemē? Er behelt die
welt den wol mit friden ynnen. Den wo ym ſol ein ſchaden ge
ſchehen/der da recht beyſſe/der muſs durchs junge volck ge=
ſchehen/das ynn Gottis erkentnis auff wechſt vnnd Gottis
wort auſz breyttet vnd ander leret.

Nyemandt/nyemandt gleubt/wylch eynn ſchedlichs
teuffelyſch furnemen das ſey/vnnd gehet doch ſo ſtyll daher/
das niemant merckt/vnd wil den ſchaden gethan habenn/ehe
mann radtat/weren vnnd helffen kann. A iij

Man furcht ſich fur tůrcken vnd kriegen vnd waſſern/denn da verſtehet man was ſchaden vnd frum̄en ſey. Aber was hie der teuffel ym ſyn hat/ſihet nyemand/furcht auch nyemand/ gehet ſtill ereyn. So doch hye billich were/das/wo man einen gulden gebe wider die tůrcken tzů ſtreytten/wen ſie vns gleich auff dem halſe legen/hye hundert gulden geben wůrdenn/ob man gleych nůr eynenn knaben kund damit auff ertzihen das eyn rechter Chriſten man wůrde. Sintemal eyn recht Chriſten menſch beſſer iſt/vnd mehr nutzs vermag/den alle menſchen (auff erden.

Der halben bit ich euch alle meyne lyeben herrn vnd freunde vmb Gottis willen vnd der armen jugent willen/wöllet diſe ſache nicht ſo geringe achten/wye viel thůn die nicht ſehen/was der welt fürſt gedenckt. Den es iſt ein ernſte groſſe ſache da Chriſto vnd aller welt vyel anligt/das wyr dem jungen volck helffen vnd raten. Da mit iſt den auch vns vnd allen geholffen vnd geratten. Vnd denckt/das ſoliche ſtille/heymliche/tůckiſche anfechtunge des teuffels wyl mit groſſem Chriſtlichen ernſt geweret ſeyn. Lyeben herrnn/můß man jerlich ſo viel wenden an büchſen/wege/ſtege/demme/vnd der gleychen vntzelichen ſtucke mer/da mit eyn ſtad tzeytlich fride vnd gemach haben. Warumb ſolt man nicht viel mer/doch auch ſo viel wenden an dye dürfftige arme jugent/das mann eynen geſchickten man oder tzween hyelte tzů ſchulmeyſtern?

Auch ſol ſich eyn jglicher burger ſelbs das laſſen bewegn̄/ hat er byß her ſo vyel gelts vn̄ gůts an ablas/meſſen/vigilien/ ſtifften/teſtament/jartagenn/bettel münchen/bruderſchafften/ walffarten vnd was des geſchwůrms mer iſt/verlieren müſſen/vnd nu hynfurt/von Gottis gnaden/ſolches raubens vn̄ gebens loß iſt/wölt doch Got tzů danck vnd zů eren/hynfurt des ſelben eyn teyl tzůr ſchůlen geben/dye armenn kynder auff zůtzihē/das ſo hertzlich wol angelegt iſt/ſo er doch hette můſt wol tzehen mal ſo viel vergebens den obgenanten reubern vn̄ noch mer geben ewyglich/wo ſolch liecht des Euāgelij nicht

komen were/vnd yn davon erlöſet hette/vnd erkenne doch/dz/
wo ſich das weret/beſchweret/ſperret vnd tzerret/das gewyſ=
lich der teuffel da ſey/der ſich nicht ſo ſperret/da mans tzů klö=
ſtern vnd meſſen gab/ja mit hauffen dahin treyb. Den er fület/
das dys werck nicht ſeynes dinges iſt. So laſt nu dyß dye er=
ſte vrſach ſeyn/alle lyeben herrn vnd fründe/die euch bewegen
ſol/das wyr hyrynn dem teuffell wydder ſtehen/als dem aller
ſchedlichſten heymlichen feynde.

Dye ander/das/wye .S. Paulus ſagt.2.Cor.6.Wyr dye
gnade Gottis nicht vergeblich empfahen vnd dye ſelige tzeytt
nicht verſeumen. Denn Got der almechtige hat fur war vns
deutſchenn jetzt gnediglich daheymen geſucht/vnd eyn recht
gůlden jar auff gericht. Da haben wyr jetzt dye feynſten geler=
tiſten junge geſellen vnd menner/mit ſprachen vnd aller kunſt
getzyert/weliche ſo woll nutz ſchaffenn kündten/wo man yhr
brauchẽ wölt/das junge volck tzů leren. Jſts nicht fur augen
das man jetztt eynen knaben kan ynn dreyen jaren tzů richten/
das er yn ſeynem funfftzehenden oder achtzehenden jar meher
kan/den byßher alle hohen ſchulenn vnd klöſter gekundt ha=
ben? Ja was hat man gelernt yn hohen ſchulen vnd klöſtern
byßher/den nůr eſel/klötz/vnd bloch werden? tzwentzig/vyer=
tzig jar hat eyner gelernt/vnd hat noch wider lateiniſch noch
deutſch gewuſt. Jch ſchweyge das ſchendlich leſterlich leben
darynnen dye edle jugent ſo jemerlich varderbt iſt.

War iſts/ehe ich wolt/das hohe ſchulen vnd klöſter blie=
ben ſo/wye ſie byß her geweſen ſind/das keyn ander weyſe tzů
leren vnd leben ſolt fur dye jugent gebraucht werden/wölt ich
ehe/das keyn knabe nymer nichts lernte vnd ſtum were. Denn
es iſt meyn ernſte meynung/bit vnd begirde/das dyſe eſel ſtelle
vnd teuffels ſchulen entweder yn abgrund verſüncken/odder
tzů Chriſtlichen ſchulen verwandelt werden. Aber nu vns
Got ſo reychlich begnadet/vnd ſolicher leut die menge geben
hat/dye das junge volck feyn leren vnd tzyhen mügen. War=

ſich ſo iſt not/das wir dye gnade Gottis nicht yn wind ſchlahen/vnd laſſen jnn nicht vmb ſonſt anklopffen. Er ſtehet fur der thůr/wol vns/ſo wir ym auff thůn. Er grůſſet vnns/ſelig der yhm antworttet. Verſehen wirs/das er fur vber gehet/wer wil yn wydder holen?

Laſt vns vnſern vorigen yamer anſehen vnd die finſternis/darynnen wir geweſt ſind. Ich acht/das deutſch land/ noch nye ſo viel von Gottis wort gehöret habe/als jtzt. Man ſpůrt ye nichts yn der hiſtorien dauon/laſſen wirs den ſo hingehen on danck vnd ere/ſo iſts zů beſorgen/wyr werden noch greulicher finſternis vnnd plage leydenn. Lyeben deutſchen/ keufft weyl der marck fur der thůr iſt/ſamlet ein/weyl es ſcheynet vnd gut wetter iſt/braucht Gottis gnaden vñ wort/weyll es da iſt. Den das ſolt yr wiſſen/Gottis wort vnnd gnade iſt eyn farender platz regen/der nicht wider kompt/wo er ein mal geweſen iſt. Er iſt bey den Juden geweſt/aber hyn iſt hyn/ſie haben nu nichts. Paulus bracht in yhn kriechen land. Hyn iſt auch hyn/nu haben ſie den Türcken. Rom vnnd lateyniſch land hat in auch gehabt/hyn iſt hyn/ſie haben nu den Babſt Vnd yr deutſchenn durfft nicht dencken/das yhr yhnn ewyg haben werden/ Den der vndanck vnnd verachtung wyrdt yhn nicht laſſen bleyben. Drumb greyff tzů vnnd halt tzů/ wer greiffen vnd halten kan/faule hende můſſen ein böſſes jar haben.

Der dritte/iſt wol die allerhöhiſt/nemlich Gottis gepot/ der durch Moſe ſo offt treibt vnd fodert/dye eltern ſollen dye kynder lerenn/das auch der.77: Pſalm ſpricht/ Wye hat ehr ſo hoch vnſern vetternl gepotten den kyndern kundt tzů thůn/ vnd tzů leren kynds kynd. Vnnd das weyſet auch auß/das vierde gepot Gottis/do ehr der eltern gehorſam den kyndern ſo hoch gepeut/das man auch durchs gericht tödten ſol vngehorſame kinder. Vnd warumb leben wyr allten anders/den das wyr des jungen volcks warten/lernen vnd aufftzyhen?

Es ist je nicht mů̈glich/das sich das tolle volck solt selbs leren vnd halten/darumb hat sie vns Got befolhen/dye wir alt vnd erfaren sind/was yhnn gůt ist/vnd wird gar schwerlich rechnung von vns fur dye selben fodern. Darum̃ auch Mose befilht Deutero. 32. vnd spricht. Frage deynen vater der wyrd dyrs sagen/die alten die werden dyrs tzeygen

Wye wol es sunde vnd schande ist/das da hyn mitt vns komen ist/das wyr aller erst reytzen vnd vns reytzen sollen lassen/vnsere kinder vnd junges volck tzů tzyhen vnd jhr bestes dencken/so doch das selb vns dye natur selbs soltt treyben/vñ auch der heyden exempel vns manichfeltig weisen. Es ist kein vnuernünfftig thier/das seyner jungen nicht wartet vnd leret/was yn gepůrt/on der straus/da Got von sagt Job. 31. das er gegen seyne jungen so hart ist/als weren sie nicht seyn/vnd lest seyne eyer auff der erden lyegen. Vnd was hůlffs/das wir sonst alles hetten vnd thetten vnd weren gleych eyttel heyligē/so wir das vnter wegen lassen/darumb wyr aller meyst leben nemlich/des jungen volcks pflegen? Jch acht auch/das vnter denn eusserlichen sunden/dye welt fur Got vonn keyner ßo hoch beschweret ist/vñ so grewliche straffe verdienet/als eben von dyser/dye wir an den kindern thun/dz wir sie nicht zeyhē

Da ich jung war/füret man ynn der schulen eyn sprichtwort. Non minus est negligere scholarem/quam corrumpere virginem. Nicht geringer ist es eynē schuler verseumen/den eyne jungfraw schwechen. Das sagt man darumb/das man dye schulmeyster erschrecket/den man wiste datzů mal keynn schwerer sunde/den jungfrawenn schendenn. Aber/lieber herr got dw je gar viel geringer ists jungfraw oder weiber schenden (wilchs doch als eyn leybliche erkandte sunde mag gebůsset werden) gegen diser/da dye edlen seelen verlassen vnnd geschendet werden/da soliche sunde auch nycht geachtet noch erkennet vnd nymer gebůsset wird? O wehe der welt ymer vñ ewiglich. Da werden teglich kynder geporn vnd wachsen bey

vns daher/vnd ist leyder niemand/der sich des armen jungen
volcks an neme vnd regire/da lest mans gehen/wie es gehet.
Die klöster vnd stiffte soltens thůn/so sind sie eben dy/von denen Christus sagt. We der welt vmb der ergernisse willen/wer
diser jungen eynen ergert die an mich gleubē/dem wer es besser
einen můlstein an den hals gehenckt/vñ yns meer gesenckt da
es am tieffesten ist. Es sind nůr kinderfresser vnd verderber.

Ja sprichstu/solchs alles ist den eltern gesagt/was gehet dz
die radherrn vñ oberkeit an? Ist recht geredt/ja wie wen die el
tern aber solchs nicht thůn? wer solls den thůn? solls drumb
nach bleyben vñ die kindern verseumet werden? Wo wyl sich
da dye oberkeit vnd Rad entschuldigen/das jnen solchs nicht
solt gepůren? Das es vō den eltern nicht geschicht/hat manch
erley vrsach. Auffs erst/sind etliche auch nicht so frum̄ vñ red
lich/das sie es thetten/ob sie es gleich kundten/sondern wie die
strausse/herten sie sich auch gegen yre jungen/vnd lassens da
bey bleyben/das sie die eyer vonn sich geworffen vnnd kinder
tzeuget haben/nicht mer thun sie datzů. Nu dise kinder sollen
dennoch vnter vns vnd bey vns leben yn gemeiner stad. Wye
wil den nu vernunfft vñ sonderlich Christliche liebe/das ley-
den/das sie vngetzogen auff wachßen/vñ den andern kynder
gyfft vnd schmeysse seyen/damit tzů letzst eyn gantze stad ver
derbe/wye es den tzů Sodom vnd Gomorra vnd Gaba vñ
etlichen mer stedten ergangen ist.

Auffs ander/so ist der grössest hauffe der eltern leyder vn
geschickt datzů/vnd nichtt weys/wye man kinder tzyhen vnd
lernen sol. Den sie nichts selbs gelernet haben/on den bauch v
sorgen/vnd gehören sonderliche leut datzů/die kinder woll vñ
recht leren vnd tzihen sollen. Auffs dritte/ob gleych die elltern
geschyckt weren vnnd woltens gerne selbs thun/so habenn sie
fur andern geschefften vnd haus halten wyd zeyt noch raum
datzů/also das die not tzwinget/gemeine tzůchtmeister fur die
kynder tzů halten/ Es wolte den eyn iglicher fur sich selbs ey-

nen eigen haltē/aber das würde dem gemeinē man zů schwere/vnd würde abermal manch feyn knabe vmb armuts wyllen verseumet. Datzů/so sterben viel eltern vnd lassen weysenn hynder sich/vñ wie die selben durch furmunden versorgt werden/ob vns die erfarung zů wenig were/solt vnns das woll tzeygenn/das sich Got selbs der weysen vater nennet/als dere/dye von yederman sonst verlassen sind. Auch sind etliche dye nicht kynder haben/dye nemen sich auch drumb nichts an.

Darumb wils hie dem Rad vnd der oberkeit gepuren/die aller grössesten sorge vnd fleys auffs junge volck zů haben. Den weyl der gantzen stad/gůt/er/leyb vnd leben/yn zů trewer hand befolhen ist so thetten sie nicht redlich fur Got vnd der welt/wo sie der stad gedeyen vnd besserung nicht suchten mit allem vermůgen/tag vnnd nacht. Nu ligt eyner stad gedeyen nicht alleyne daryn/das man grosse schetze samle/feste maurē schöne heusser/viel bůchsen vnnd harnisch tzeuge/Ja wo des viel ist/vnd tolle narren drůber komenn/ist so viel dester erger vnd deste grösser schade der selben stad. Sondern das ist eyner stad bestes vnd aller reychest gedeyen/heyl vnd krafft/das sie viel feyner gelerter/vernůnfftiger/erbar/wol getzogener burger hat/die künden darnach wol schetze/vnd alles gut samlen halten vnd recht brauchen.

Wie hat die stad Roma than/die ire knaben also lies tzihen das sie jnwendig funfftzehen/achtzehen/tzwentzig jaren aufs aussʒbündigst kůndten lateynisch vnd kriechisch/vnd allerley freye künste(wie man sie neñet/darnach flux jn den krieg vnd regiment/da wůrden witzige/vernunfftige vnd treffliche leute auß/mit allerlei kunst vñ erfarunge geschickt/das/wen man jtzt alle Bischoffe vñ alle Pfaffen vnd Můnche yn deutschē lande/auff einen hauffen schmeltzet/solt man nicht so vil finden/als mann da wol yhnn eynem Růmischen kriegs knecht fand. Darumb gieng auch yhr ding vonn statten/da fand mann leute dye zů allerley tůchtig vnnd geschickt warenn.

Also hats die nodt allezeyt ertzwungen vnd erhalten yn aller welt/auch bej den heyden/das man tzuchtmeyster vnd schulmeyster hat můssen haben/so man anders etwas redlichs hat wöllenn auß eym volck machenn. Daher ist auch das wortt/ tzucht meyster/yn sant Paulo Gal. 4. alls aus dem gemeynen brauch menschlichs lebens genomē/da er spricht. Das gesetze ist vnser tzůcht meyster gewesen.

Weyl den eyne stad sol vnd můß leute haben/vnd allenthalben der gröste gebreche/mangel vñ klage ist/das an leuten feyle/so mus man nicht harren/biß sie selbs wachsen/mā wird sie auch wyder auß steynen hawen/noch auß holtz schnitzen/ so wird Got nicht wunder thunn/so lange mann der sachen durch ander seyne dargethane gůtter geraten kann. Darumb můssen wyr datzů thůn/vnd mŭhe vnnd kost dran wenden/ sie selbst ertzihen vnd machen. Den wes ist die schuld/das es jtzt yn allen stedten so dŭnne sihett von geschickten leutten/on der oberkeyt/die das yunge volck hat lassen auff wachsen wie das holtz ym wald wechset/vnd nicht tzů gesehen/wye mans lere vnd tzyhe? darumb ists auch so vnördig gewachsen/das tzů keynem baw/sondern nur eyn vnnutz gehecke vñ nur zum fewrwerg tůchtig ist.

Es mus doch weltlich regiment bleyben/sol man den tzů lassen/das eytel rŭltzen vñ knebel regiren/so mans wol bessern kan/ist ye eyn wild vnuernŭnfftiges furnemen. So las mann eben so mer sew vnd wölffe tzů herrn machen/vnd setzen vber die/so nicht dencken wöllen/wie sie von menschen regirt werden. So ists auch eyn vnmēschliche boßheit/so mā nicht weyter denckt den also/wyr wöllen jtzt regiren/was geht vns an/ wye es denen gehen werde/dye noch vns komen. Nicht vber menschen/sonder vber sew vnd hunde solten soliche leute regiren/dye nicht mehr den yren nutz oder ere im regiment suchen Wen man gleych den höhisten fleys fur wendet/das man eytel feyne/gelerte/geschickte leut ertzöge zů regiren/es wurde den noch mühe vnd sorge gnug habenn/das es wol tzů gienge Wie sol es den tzů gehen/wen man da gar nichts tzů thůt?

Ja sprichstu aber mal/ob mann gleych solt vnnd műste schulen haben/was ist vnns aber nutze/lateynisch/kriechisch/ vnd ebreyisch tzungen vnd andere freye künste tzů leren/künden wyr doch wol deutsch die Bybel vnd Gottis wort leren/ dye vns gnugsam ist tzůr selickeyt. Antwort. Ja ich weys leyder woll/das wyr deutschen műssen ymer bestien vnd tolle thier seyn vnd bleyben/wie vns den die vmbligende lender nennen vnd wir auch wol verdienen. Mich wundert aber/warumb wir nicht auch eyn mal sagen/Was sollen vnns seyden/ weyn/würtze/vnnd der frembden außzlendischen ware/so wyr doch selbs weyn/korn/wolle/flachs/holtz/vnd steyn yn deutschen landē/nicht alleyn dye fulle haben tzůr narung/sondern auch die kür vnd wal tzů ehren vnd schmuck? Die kunste vñ sprachen die vns on schaden/ja grősser schmuck/nutz/ere/vñ frumen sind/beyde tzůr heyligen schrifft tzůuerstehen vñ weltlich regiment tzů füren/wőllen wyr verachten/vnd der aussźlendischen ware die vns wider not noch nűtze sind/dazů vns schinden bys auff den grad/der wőllenn wyr nicht geratten/ heyssen das nicht billich deutsche narren vnd bestien?

Zwar wen keyn anderer nutz an den sprachenn were/solt doch vns das billich erfrewen vnd antzűnden/das es so eyn edle feyne gabe Gottis ist/da mit vnns deutschen Got yzt so reychlich fast vber alle lender heimsucht vnd begnadet. Man sihet nicht viel/das der teuffel dye selben hette lassen durch die hohen schulen vnd kloster auff kommen. Ja sie haben altzeyt auffs hőhest da wyder getobet vnd auch noch toben/den der teuffel roch den braten wol/wo die sprachen erfur kemen/würde seyn reych eyn fach gewynnen/das ehr nicht kunde leichtt wyder tzů stopffen. Weyl er nu nicht hat műgen werenn das sie erfur kemen/dencket er doch/sie nu also schmal tzů haltten/ das sie von yn selbs wider sollen vergehen vnd fallen. Es ist yhm nicht eyn lieber gast damit yns haus komen. Drumb wil er yhn auch also speisen/das er nicht lange solle bleiben. Dysen bösen tuck des teuffels / sehen vnser gar wenig liebē herrn.

Darūb lieben deutschen laßt vns hie die augen auffthun. Got danckē fur das edel kleynod/vnd fest drob halten/dz vns nicht widder entzuckt werde / vnd der teuffel nicht seynē mütwillen büsse. Denn das konnen wir nicht leucken/das/wiewol das Euangelion alleyn durch den heyligen geyst yst komē/vñ teglich kompt/so ysts doch durch mittel der sprachē komē/vñ hat auch dadurch zugenommē/ muß auch dadurch behalten werden. Denn gleich als da Gott durch die Apostel wolt yn alle welt dz Euangeliō lassen komen/ gab er die zungen da zu. Vnd hatte auch zuuor durch der Römer regiment/der kriechische vñ lateynische sprach so weyt yn alle landt außgebreittet/ auff das seyn Euangeliō yhe bald fern vñ weyt frücht brechte. Also hat er auch yzt gethan. Niemant hat gwust/warūb Got die sprachen erfur ließ komē/biß das man nu aller erst syhet/das es vmb des Euangelio willē geschechen ist/wilchs er hernach hat wöllen offenbarn/ vnd dadurch des Endchrists regiment auff decken vñ zustören. Darumb hat er auch kriechen land dem Türcken geben/auff das die Kriechen veriagt vñ zustrewet/die kriechische sprach außbrechten/ vnd ein anfang würden/auch andere sprachen mit zu lernen.

So lieb nun vns das Euangeliō ist/so hart last vns vber den sprachē haltē/Den Got hat seyne schrifft nicht vmb sonst allein yn die zwo sprachen schreyben lassen/das alte testament yn die Ebreesche/das newe yn die Kriechische. Welche nu got nicht veracht/sondern zu seinem wort erwelet hat fur allen andern/sollē auch wir die selben fur allen andern ehren. Den Szo Paulus rümet dz fur ein sünderliche ehre vnd vorteyl d̕ Ebreyschen sprach/das gottis wort drynnen geben ist/da er sprach zün Römern .3. Was hat die beschneittung vorteyls odder nutzes? Fast vil/auffs erst/so synd yhn Gottis rede befolhen.

Das rhůmet auch der Kőnig David Pſalm.147. Er verkündigt ſeyn wort Jacob/vnnd ſeyne gebot vnnd rechte Jſrahel Er hatt keynem volck alſo gethan/ noch ſeine rechte yhnen offenbart. Daher auch Ebreiſche ſprach heilig heyſſet. Vnnd ſanct Paulus Ro.1. nennet ſye die heylige ſchrifft on zweiffel vmb des heyligen worts Gottis willen/das drynnen verfaſſet yſt. Alſo mag auch die Kriechiſche ſprach wol heilig heiſſen/ das die ſelb fur /andern dazu erwelet yſt/das das newe teſtament drinnen geſchrieben würde. Vnd aus der ſelben als auß eim brunnen yn andere ſprach durchs dolmetſchen gefloſſen/ vnd ſye auch geheyliget hatt.

Vnd laſt vns das geſagt ſein. Das wir das Euangelion nicht wol werden erhalten/on die ſprachen. Die ſprachen ſynd die ſcheiden/darynn dis meſſer des geyſts ſtickt. Sie ſeint der ſchrein/darynnen man das kleynod tregt. Sie ſeint das gefeß/ darynnen man dyſen tranck faſſet. Sie ſynd die kemnot/darynnen dyſe ſpeiſe lygt. Vnd wie das Euangelion ſelbs zeygt. Sie ſeint die kőrbe/darynnen man dyſe brot vnd fyſche vnd brockē behelt. Ja wo wirs verſehen/ das wir (da Gott fur ſey) die ſprachen faren laſſen/ſo werden wir nicht allein das Euangelion verlieren/ſondern wirt auch endlich dahyn gerattenn/das wir wider lateiniſch noch deutſch recht reden oder ſchreiben kündē. Des laſt vns das elend grewlich exēpel zur beweyſung vñ warnung nemen/yn den hohen ſchulen vñ klőſtern/darynnen man nicht alleyn das Euangelion verlernt/ſondern auch lateiniſche vnd deutſche ſprache verderbt hat, das die ellenden leut ſchier zu lauter beſtien worden ſynd/widder deutſch noch lateyniſch recht reden oder ſchreiben konnen. Vnd bey nahend auch die natůrliche veruunfft verloren haben.

Darūb habens die Apoſtel auch ſelbs fur nőttyg angeſehē/ das ſye das newe Teſtamēt yn die Kryechiſche ſprache faſſeten vñ anbůnden / on zweyffel / das ſye es vns daſelbs ſycher vnnd gewyß verwareten wie ynn einer heiligen laden.

Den sie habē gesehen/al das yenige das tzůkunfftig war vñ nu also ergangen yst / wo es alleyn ynn die köpff gefasset würde/ wie manche wilde/wůste/vnordnung vnd gemēge/so mancherley synnen/ danckel vnnd leren sych erheben würden yn dye Christenheit/ welchen ynn keynen weg zu weren noch die einfeltigen zu schützē weren/wo nicht das newe testament gewiß yn schrifft vnd sprache gefasset were. Darumb ysts gewys/wo nicht die sprachen bleyben / da mus zu letzt das Euangelion vntergehen.

Das hat auch beweysset/vnd zeygt noch an die erfarung. Denn so bald nach der Apostel zeyt/ da die sprachen auffhöreten/nam auch das Euangelion vnd der glawbe vnd gantze Christenheyt ye mehr vnd mehr ab/biß dz sye vnter dem Bapst gar versuncken yst. Vnnd yst synter zeyt die sprachen gefallen synd/nicht vil besonders ynn der Christenheit ersehen/aber gar vil grewlicher grewel aus vnwissenheyt der sprachē geschehē. Also widderumb weyl yzt die sprachen herfur kommen synd/ bryngen sye eyn sollich liecht mit sych/vnnd thun solch grosse dũng/das sych alle welt verwundert vnd muß bekennenn/das wir das Euangelion so lautter vnnd reyn haben fast als die Apostel gebabt haben/ vnd gantz ynn seyne erste reynigkeit kommen yst/vnd gar vill reyner/ denn es zur tzeyt sanct Hieronymi oder Augustini gewesen yst. Vnd summa/der heylige geyst ist keyn narre/gehet auch nicht mit liechtfertigen vnnötigen sachē vmb/der hat die sprachen so nůtz vnd not geacht yn der Christenheit / das er sye offtmals von hymel mit sych bracht hatt/ wilchs vns alleine solt gnugsam bewegen/die selben mit fleyß vnd ehren zusuchen vnd nicht zuuerachtē/ weyl er sye nu selbs widder auff erden erweckt.

Ja sprichstu/es synd vill vetter selig worden / haben auch geleret on sprachen. Das yst war. Wo rechenstu aber auch das hyn/das sye so offt yn der schryfft gefeylt habē? Wie offt feylet sanct Augustinus ym Psalter vnd andern außlegung/so

woll alls Hilarius/ja auch alle die on dye ſprachenn ſich der
ſchrifft haben vnterwunden auß zůlegen? Vnd ob ſie gleych
etwa recht geredt haben/ſind ſie doch der ſachen nicht gewys
geweſen/ob das ſelb rechtt an dem ort ſtehe/da ſie es hyn deuten? Als/das ich des ein exempel tzeyge. Recht iſts geredt/das
Chriſtus gottis ſon iſt. Aber wye ſpöttiſch lautet es in den oren
der widſacher/da ſie des grund fureten auß dem.109. Pſalm
Tecum principium in die virtutis tue. So doch da ſelbs in der
Ebreiſchen ſprach nichts von der Gotheyt geſchriben ſteht.
Wen man aber alſo mit vngewiſſen grunden vnd feylſpruch
en den glauben ſchützet/iſts nicht eyn ſchmach vnd ſpott der
Chriſten bey den wider fechtern/dye der ſprach kündig ſind?
vnd werden nur halſtarriger ym irthům/vnnd halten vnſern
glauben mit gůttem ſcheyn fur eynen menſchen trawm.

Wes iſt nu die ſchuld/das vnſer glaube ſo tzů ſchanden
wird? nemlich/das wyr der ſprachen nicht wiſſen/vnd iſt hye
keyn hülffe/den dye ſprachen wiſſen. Wart nicht. S. Hierony-
getzwungen den Pſalter von newem tzůuerdolmetzen auß dē
Ebreiſchen vmb des willē/das wo man mit den Juden auß
vnſerm Pſalter handelt/ſpottē ſie vnſer/das es nicht alſo ſtün
de yhm Ebreiſchen/wye es die vnſern fureten? Nu ſind aller
alten veter außlegung/die on ſprachen die ſchrifft habenn gehandelt (ob ſie wol nichts vnrechts leren) doch der geſtaltt/
das ſie faſt offt vngewiſſe/vnebene/vnnd vntzeyttige ſprache
furen/vnd tappen wye eynn blinder an der wand/das ſie gar
offt des rechten texts feylen/vnd mache yhm eyne naſen nach
yrer andacht/wye dem vers droben antzeygt. Tecum principi-
um.ꝛc. Das auch. S. Auguſti. ſelbs mus bekennen/wye er ſch-
reibt de doctrina Chriſt. das eynem Chriſtlichenn lerer/der dye
ſchrifft ſol außlegen/nodt ſind vber die Lateiniſche/auch dye
Kriechiſche vnd Ebreiſche ſprachen. Es iſt ſonſt vnmüglich
das ehr nicht allent halben anſtoſſe/Ja noch not vnnd erbeyt
da iſt/ob eyner die ſprachen ſchon wol kan.

C

Darumb ists gar viel eyn ander ding/vmb eynen schlechten prediger des glaubens/vnd vmb eynen außleger der geschrifft/odder wie es. S. Paulus nennet/eynen propheten. Eyn schlechter prediger (ist war) hat so viel heller sprüch vnd text durchs dolmetschē/das er Christum verstehen/leren/vnd heyliglich leben vnd andern predigen kan. Aber dye schrifft außzulegen vnd zů handeln fur sich hyn/vnd zů streitten wider dye jrrigen eynfůrer der schrifft/ist er tzů geringe/das lest sich on sprachen nicht thůn. Nu mus man ye yn der Christenheyt soliche propheten haben/die die schrifft treyben/vnd außlegen vnd auch tzům streyt tugen/vnd ist nicht gnug am heyligenn leben vnd recht leren. Darumb sind die sprachen stracks vnd aller dinge von nötten yn der Christenheyt/gleich wye die Propheten/odder außleger/obs gleich nicht not ist noch/sein mus das eyn jglicher Christ odder prediger sey eyn solich Prophet wie sanct Paulus sagt. 1. Cor. 12. vnd Ephe. 4.

Daher kompts/das sind der Apostell tzeytt/dye schrifft so finster ist blieben vnd nyrgent gewissze bestendige auslegunge drůber geschrieben sind. Den auch die heyligen veter (wie gesagt) offt gefielt/vnd weyl sie der sprachenn vnwissend gewesen/sind sie gar selden eynes/der feret sonst/der feret so. Sanct Bernhart ist eyn man von grossem geyst gewesen/das ich yn schier thürst vber alle lerer setzen/dye berümpt sind/beyde allte vn̄ newe. Aber sihe/wie er mit der schrift so offt (wie wol geystlich) spielt vnd sie furet ausser dem rechten syn. Derhalben haben auch die Sophisten gesagt. Dye schrifft sey finster/haben gemeynet/Gottis wort so von art so finster/vn̄ rede so seltzam Aber sie sehen nicht das aller mangel ligt ann den sprachenn/sonst were nicht liechters ye geredt/den Gottis wortt/wo wyr die sprachen verstünden. Eyn Türck mus myr wol finster reden/wilchen doch eyn türckisch kynd von siben jaren wol vernympt/dye weyl ich die sprache nicht kenne.

Darumb ist das auch eyn toll furnemen gewesen/das mā

dye schrifft hat wöllen lernen durch der vetter ausszlegen/vnd vyell bücher vnnd glossen leszen. Man solt sich dafur auff dye sprachen geben haben. Denn dye lyebenn vetter/weyll sie onn sprachen gewesen sind/habenn sie tzů weylenn mit vielen wortten an eynem spruch geerbeyttet/vnd dennoch nur kaum hynnach geomet/vnd halb geraten/halb gefeylet. So leuffestu dem selben nach mit viel mühe/vnd kundtist dye weyl durch dye sprachenn/dem selben vyell bassz solichen ratten/den der/dem du folgest. Denn wye dye sonne gegenn dem schatten ist/so ist dye sprache gegen aller vetter glosen. Weyll den nu den Christenn gepurt/dye heyligen schrysst tzů vben/alls yr eygen eyniges buch/vnnd eynn sunde vnnd schande ist/das wyr vnser eygen buch nicht wissen/noch vnsers Gottis sprach vñ wort nicht kennen/so ists noch vyel mer sunde vnd schanden das wyr nicht sprachen leren/sonderlich/so vns itzt Got dar beut vnd gybtt leutte vnd bücher vnd allerley/was datzu dyenet/vnd vns gleych datzu reytzt/vnd seyn buch gern wolt offen haben. O wye fro solten die lyeben vetter gewesen sein/wen sie hetten so kundt tzůr heyligenn schrifftt kommen vnnd dye sprachen leren/als wyr kunden. Wye haben sie mit so grosser mühe vnd fleys kaum die brocken erlanget/da wir mit halber/ya schier on alle erbeyt/das gantze brod gewynnen kunden. O wye schendet yhr fleysz vnser faulheyt? Ja wye hart wirdt Got auch rechen solchenn vnszern vnfleyss vnnd vndanckbarkeytt.

Da her gehöret auch/das Sanct Paulus .1. Corinth. .14. wyll/das yhnn der Christenheyt soll das vrteyl seyn vber allerley lere/datzů aller dynge vonn nöten ist/dye sprache tzůwyssen. Den der prediger od lerer mag wol dye Biblia durch vnd durch lesen/wie er wil/er treffe odder feyle/wen niemand da ist/der da vrteyle/ob ers recht mache odder nicht. Soll mann denn vrteylenn/szo mussz kunst der sprachenn da seynn sonst ists verlorenn. Darumb ob woll der glaube vnd das

das Euangeilon durch ſchlechte prediger mag onn ſprachen
predigt werden/ſo gehet es doch faul vnd ſchwach/vnd man
wyrds tzu letzt můde vnnd vberdrůſſig vnnd fellet tzu boden.
Aber wo die ſprachen ſind/da gehet es friſch vnd ſtarck/vnd
wirt die ſchryfft durch trieben / vnnd fyndet ſych der glawbe
ym̄er new/durch andere vnd aber andere wort vnd werck/das
der.128. Pſalm ſollich ſtudirn ynn der ſchrifft vergleicht einer
yaget vñ ſpricht. Got öffene den hirſſen die dicke welde. Vnd
Pſalm.1. Eynem baum der ym̄er grůnet vnnd ymmer fryſch
waſſer hatt.
Es ſoll vns auch nicht yrren/das ettlich ſych des geiſts rhůmen vnd die ſchryfft geringe achtẽ. Etliche auch wie die brůder Valdenſes die ſprachen nicht nützlich achten. Aber lieber
freund geyſt hyn/geiſt her/ ich byn auch ym geiſt geweſen/vñ
habe auch geiſt geſehen (wens yhe gelten ſoll vonn eygenem
ſich iſt rhůmen) villeicht mehr/den eben die ſelbigen noch ym
yar ſehen werdẽ/wie faſt ſye auch ſych rhůmẽ. Auch hat mein
geyſt ſych etwas beweyſet/ſo doch yhrer geyſt ym winckel gar
ſtyll iſt/vnd nicht vil mehr thut/den ſeynen rhum auff wirfft.
Das weiß ich aber wol/wie faſt der geiſt alles alleyne thut/we-
re ich noch allenn püſſchen tzu ferne geweſt/wo mir nicht die
ſprachen geholffen vnd mich der ſchryfft ſycher vnd gewyſs
gemacht hetten. Jch hette auch wol kund frum ſeyn/vnd ym
der ſtille recht predigen/Aber den Bapſt vnnd die Sophiſten
mit dem gantzen Endechriſtiſchen regiment wůrde ich woll
haben laſſen ſein was ſyt ſyndt. Der teuffel achtet meinẽ geyſt
nicht ſo faſt/als meyne ſprache dnd feder yn der ſchrifft. Deñ
meyn geyſt nimpt yhm nichts denn mich allein. Aber die heiligen ſchryfft and ſprachen machen yhm die welt tzu enge/vnd
tbut yhm ſchaden yn ſeym reich.

So kan ich auch die brůder Valdenſes darym̄ẽ gar nichts
loben/das ſye die ſprachen verachten. Denn ob ſye gleich recht
lereten/ſo můſſen ſye doch gar offt des rechten texts feylen/vñ

auch vngerüst vnd vngeschickt bleiben zufechtē fur den glauben widder den yrthumb. Datzu yst yhr ding so fynster vnnd
auff eyne eygē weiße getzogen/ausser der schryfft weyse tzu re-
den/das ich besorge/es sey/oder werde nicht lauter bleiben. Deñ
es gar ferlich yst von Gottis sachen anders reden/oder mit an
dern wortten/denn Gott selbs braucht. Kürtzlich/sie mügen
bey yhn selbs heylig leben vnd leren. Aber weyll sie on sprache
bleyben wirt yhn mangeln müssen/das allen andern mangelt/
nemlich/das sye die schryfft gewiß vnd gründtlich nicht han-
deln/noch andern völckern nützlich seyn mügē. Weyl sye aber
das wol kündten thun/vnd nicht thun wöllen/mügen sye tzu-
sehen/wie es fur Got tzuverantwortten sey.

Nu das sey gesagt von nutz vnd nott der sprachen vnd
Christlichen schulen/fur das geystlich wesen vnnd tzur seelen
heyl. Nu last vns auch den leyb furnemen/vnd setzen/ob schō
keyn seel nach hymel odder helle were/vnnd solten alleyne das
tzeitlich regiment ansehen nach der welt/ob dz selb nicht dürf-
fe viel mehr gutter schulen vñ gelerter leutte/den das geystliche
Denn byßher sych desselben die Sophisten so gar nichts habē
angenomen/vnd die schulen so gar auff den geystlichen stād
gerichtet/das gleich eyne schande gewesen yst/so eyn gelerter
yst ehlich worden/vnnd hat müssen hören sagen/syhe/der wirt
weltlich vnd wil nicht geystlich werdē/gerade als were allein
yhr geistlicher stand Got angenem/vnd der weltliche (wie sie
yhn nennen) gar des teuffels vnd vnchristlich. So doch dieweyl fur Gott sye selbs des teuffels eygen werden/vnd alleyn
dyser arm pöffell (wie ynn der Babilonischen gefencknis dem
volck Jsrahel geschach) vnd ym land vnd rechten stand ist
blieben/vnd die besten vnd öbersten zum teuffel gen Babilon
gefürt synd mit blatten vnd kappen.

Nu hie ist nit not zusagē/wie dz weltlich regimēt ein götlich
ordnūg vñ stand ist. Davō ich sonst so vil gesagt hab/dz ich
hoffe/es tzweyffel niemant dran. Sondern ist tzu handeln/wie

man feyne geschickte leutt dreyn kriege. Vnnd hye byeten vns die Heyden eyn grossen trutz vnd schmach an/ die vortzeyten/ sonderlich die Römer vnd Kriechē/gar nichts gewust habē/ ob solicher stand Got gefyele aber nicht/vnd haben doch mit sollichem ernst vnd fleyß/die yungen knaben vnd meydlin lassen lernen vnd aufftzihen/das sye datzu geschickt würden/das ich mich vnser Christen schemen muß/wenn ich dran dencke/ vnd sönderlich vnser deutschen/die wir so gar stöck vnd thier synd/vnnd sagen thüren. Ja was sollen die schulen/so mann nicht soll geistlich werden? die wir doch wissen oder yhe wissen sollen/ wie eyn nötiges vnd nützes ding es yst/vnd Got so angenem/wo eyn Fürst/ herr/radman oder was regirenn soll/ geleert vnd geschickt yst/den selben standt Christlich tzufüren.

Wen nu gleich (wie ich gesagt habe) keyn seele were/vñ man der schulen vnnd sprachen gar nichts dürffte vmb der schrifft vnd Gottis willen. So were doch alleyn dyse vrsach gnugsam/die aller besten schulen beyde fur knaben vnd meydlin an allen orten auff zurichten/das die welt/auch yhren weltlichen stand eusserlich tzu halten/doch bedarff eyner geschickter meñer vnd frawen. Das die menner wol regirn kündē land vnd leutt. Die frawen wol tzyhen vnd halten kündē hauß/kinder/vnd gesinde. Nu sölliche menner müssen aus knaben werden/vnd solliche frawen müssen aus meydlin werden. Darūb ysts zuthun/das man kneblin vnd meydlin datzu recht lere vñ aufftzyhe. Nu hab ich drobē gesagt/ der gemeyn man thut hie nichts zu/kās auch nicht/wylß auch nicht/weiß auch nit. Fürstē vñ herrn soltēs thun/aber sie habē auff schlitten zufarē/tzu trincken/vnd yn der mumerey tzulauffen/vnd synd beladē mit hohen mercklichen geschefften des kellers/ der küchen vnd der Kamer. Vnnd obs ettliche gern thetten/müssen sye die andern schewen/das sye nicht fur narren oder ketzer gehalten werden. Darumb wills euch lieben Radtherrn alleyne ynn der handt bleybenn / yhr habt auch raum vnnd fug datzu / besser denn

Fürsten vnnd Herrn.

Ja sprychstu. Eyn yglicher mag seyne tochter vnnd söne wol selber leren oder yhe tzyhen mit zucht. Antwortt Ja man syhet woll/wie sychs leret vnd tzeucht. Vnnd wenn die tzucht auffs höhist getrieben wird/vnd woll gerett/so kompts nicht ferner/den das eyn wenig eyn eingetzwungen vnd erbar geberde da ist/sonst bleibens gleich woll eytel holtzböcke/die widder hie von noch dauon wyssen tzu sagen/niemant widder radtē noch helffen konnen. Wo man sye aber leret vnnd tzöge ynn schulen oder sonst/da gelerte vnnd tzůchtige meister vnd meysteryn weren / da die sprachen vnnd andere kůnst vnd hystorien lereten/da wůrden sye hören die geschichte vnd sprůche aller welt/wie es dyser Stadt/ dysem reych/disem Fůrstē/dysem man/disem weibe/gangen were/ vnd kůndten also ynn kurtzer tzeit / gleich der gantzen welt von anbegyn / weßen/leben/rath vnnd anschlege/gelingen vnd vngelingen/ fur sich fassen/wie ynn eym spiegel/daraus sye denn yhren sinn schicken/vnd sich ynn der welt laufft richten kůnden mit Gottis furcht. Datzu witzig vnd klug werden aus den selben Historiē/was zusůchen vnd tzu meyden were ynn dißem eusserlichen leben/ vnd andern auch darnach radten vnd regirn. Die tzucht aber die mā daheyme on solche schulen furnimpt/die wil vns weyße machen durch eygen erfarung/ ehe das geschicht/so syndt wir hundert mal tod/vnd habē vnser lebenlang alles vnbedechtig gehandelt/denn tzu eygener erfarung gehört vil tzeit.

Weil den das yunge volck muß lecken vnd springen /oder yhe etwas tzuschaffen habē/ das es lust ynnen hat/vnnd yhm darynn nicht zu weren yst / auch nicht gut were/das mans alles weret. Warumb soltt man denn yhm nicht solche schulen zurichten vñ solche kunst furlegen? Sintemal es ytzt vō gottis gnadē alles also zugericht yst/ dz die kind̄ mit lust vñ spiel lerē kůndē/es seyn sprachē oder and̄ kunst oder historien. Vnd yst yetzt nicht mehr die helle vnnd das Fegfewr vnßer schulen/

da wyr ynnen gemartertt ſind/vber den Caſualibus vnd tem-
poralibus/da wir doch nichts den eittel nichts gelerntt haben
durch ſo viel ſteupen/tzittern/angſt vnd jamer. Nympt man
ſo vyl tzeyt vnd mühe/das man dy kynder ſpielen auff karten/
ſingen/vnd tantzen leret/Warumb nimpt man nicht auch ſo
viel tzeyt/das man ſie leſen vnd ander kunſt leret/weyl ſie jung
vnd müſſig/geſchickt vnnd lüſtig da tzů ſind? Jch rede fur
mich/Wen ich kynder hette vnd vermöchts/Sye muſten mir
nicht alleyne dye ſprachen vnd hyſtorien hören/ſondern auch
ſingen/vnd dye muſica mit gantzen mathematica lernen. Den
was iſt dyß alles/den eyttel kinder ſpiel? darynnen die Kriech-
en yhre kynder vor tzeytten tzogen/da durch doch wunder geſchickte leut auß worden tzů allerley hernach tůchtig. Ja wye
leyd iſt mirs yztz/das ich nicht mer Poeten vnd hyſtorien ge-
leſen habe/vnd mich auch die ſelben nyemand gelernt hat. Habe dafur můſt leſen des teuffels dreck/die Philoſophos vnnd
Sophiſten mit groſſer koſt/erbeytt/vñ ſchaden/das ich gnug
habe dran aus tzufegen.

So ſprichſtu. Ja wer kan ſeyner kinder ſo emperen/vnd
alle tzů junckern tziehen? Sye muſſen ym hauſe der erbeyt war-
ten.rc. Antwort. Jſts doch auch nicht meine meinũg/dz man
ſolche ſchulen anrichte/wie ſie byßher geweſſzen ſind/da eynn
knabe tzweintzig oder dreiſſig jar hat vber dẽ Donat vñ Alexander gelernt/vnd dennoch nichts gelernt. Es iſt yztz eyn ander welt/vñ gehet anders tzů. Meynn meynung iſt/das man
dye knaben des tags eynn ſtund odder tzwo laſſe tzů ſolcher
ſchule gehen/vnd nichts deſte weniger die ander zeyt/ym hauſ-
ſe ſchaffen/handtwerck lernen/vnd wo zů man ſie haben wil
das beydes mitt eynander gehe/weyl das volck jung iſt/vnnd
gewarten kan. Bringen ſie doch ſonſt wol tzehen mal ſo vyell
zeit zů/mit keulichen ſchieſſen/ball ſpielen/lauffen/vñ rammeln

Alſo kan eyn meydlin ja ſo viel tzeyt haben/das des tages
eyne ſtunde tzůr ſchule gehe/vnd dennoch ſeyns geſchefſts jm

hauſe wol warte/ Verſchleſſts vnd vertantzet vnnd ſpielet es
doch wol mehr tzeyt. Es feylet alleyn daran/das mann nicht
luſt noch ernſt datzu hat/das junge volck zů tzyhen/noch der
welt helffen vnd raeten mit feynen leuten. Der teuffell hat vyell
lieber grobe blöche vñ vnnutze leut/das den menſchen ja nicht
tzů wol gehe auff erden.

Wilche aber der außbund dar vnter were/der mann ſich
verhofft/das geſchickte leut ſollen werden tzů lerer/vñ leretyn/
tzů prediger vñ andern geiſtlichen emptern/dye ſol man deſte
mer vnd lenger da bey laſſzen/oder gantz daſelbs tzů verorde=
nen/wie wir leſen von den heyligen mertern/dye .S. Hagnes
vnd Agata vnd Lucia vnd der gleychen auff tzogen. Daher
auch dye klöſter vnd ſtiffte komen ſind/aber nu gar yn eynen
andern verdampten brauch verkeret. Vnd das wil auch woll
not ſeyn/denn der beſchorne hauffe nymptt faſt ab/ſo ſind ſie
auch das mehrer teyl vntůchtig tzů leren vnnd regiren/den ſie
künden nichts/on des bauchs pflegen/ Wilchs man auch ſie
alleyn gelernt hat. So muſſen wir ja leut haben/dye vns Got=
tis wort vñ ſacrament reychen vnd ſeel warter ſeyn ym volck.
Wo wöllen wyr ſie aber nemen/ſo man dye ſchulen zurgehen
leſt/vnd nicht andere Chriſtlicher auffrichtet? Synt emall dye
ſchulen byßher gehalten/ob ſie gleych nicht vergiengen/doch
nichts geben mügen/den eyttel verlorne ſchedliche verfůrer.

Darumb es hohe not iſt/nicht alleyne der jungen leut hal=
ben/ſondern auch beyder vnſer ſtende geyſtlych vnd weltlich
tzůr halten/Das man ynn diſer ſachen/mit ernſt vnd ynn der
tzeyt datzu thů. Auff das wirs nicht hynden nach/wen wyrs
verſeümet habenn/villeycht můſſen laſſzen/ob wyrs den gerne
thůn wolten/vnnd vmb ſonſt den reuling vnns mit ſchaden
beyſſen laſſen ewyglich. Den Gott erbeut ſich reychlich/vnnd
reycht die hand dar vnd gybt datzů/was datzů gehöret. Ver=
achten wirs/ſo habenn wyr ſchon vnſer vrteyl mit dem volck
Iſrael/da Iſaias von ſagt. Ich habe meyn hand dar gebot=

D

ten den gantzen tag dem vngleubigen volck/das mir wydderstrebt. Vnd Prouer. 1. Jch habe meyne hand dar gebotten/vnd
nyemand wolts ansehenn/yhr habt alle meynen rad verachtet/
Wolan so wil ich ewer lachen yn ewerm verderben vnd spot
ten/wen vber euch komet ewer vnglück. rc. da last vns fur hüt-
ten. Sehet ann tzům exempel/wylch eynen grossen fleys der könig. Salomo hyrinnen than hat/Wie er sich des jungen volcks
angenomen/das er vnder seynen königlichen gescheffen auch
eyn buch fur das junge volck gemacht hat/das da heyst Pro-
uerbiorum/Vnd Christus selbs/wie tzucht er dye jungen kynd
lin tzů sich? wie fleyssyg befilhet er sie vns/vnd rümet auch die
engel/die yr warten. Mat. am. 18. das er vns antzeyge/wye eyn
grosser dienst es ist/wo man das junge volck wol tzeucht. Wy
derumb wie grewlich er tzurnet/so man sie ergert vnnd so verderben lesset.

Darumb lyebenn herrn/laßt euch das werck anligenn/das
Got so hoch vonn euch foddert/das ewer ampt schuldig ist/
das der jugent so not ist/vnd des wydder welt noch geyst empern kan. Wyr sind leyder lang gnug yhm finsternis verfaulet
vnd verdorben. Wir sind alzů lange gnug deutsche bestien gewe
sen. Last vns eyn mal auch der vernunfft brauchen/das Gott
mercke dye danckbarkeytt seyner güter/vnd ander lande sehen/
das wyr auch menschen vnnd leutte sind/dye etwas nützlichs
entweder võ in lernen oder sie leren kunden/da mit auch durch
vns die welt bessert werde. Jch habe das meyne gethan. Jch
wolt ye Deutschem lande gerne geraten vnd geholffen haben
ob mich gleich etlich darůber werden verachten vnd solichen
trewen rad yn wind schlahen/vnd bessers wissen wollenn/das
mus ich geschehen lassenn. Jch weyl wol/das andere kündten
besser habẽ außgericht/auch weil sie schweigen/richt ichs auß
so gut als ichs kan. Es ist ye besser dazů gered/wie vngschickt
es auch sey/den aller dinge dauon geschwigen. Vnd byn der
hoffnung/Got werde ye ewer etliche erwecken/das mein trew

er rad nicht gar yn dye aſſchen falle/vñ werden anſehen/nycht
den der es redt/ſondern dye ſach ſelbs bewegen vnd ſich bewegen laſſenn.

Am letzten iſt auch das wol tzů bedencken/allen den jenigẽ
ſo lyeb vñ luſt haben/das ſolche ſchulen vñ ſprachen yn Deut
ſchen landen auffgericht vnd erhalten werden/das man fleyß
vnd koſte nicht ſpare/gut librareyen odder bůcher heuſer/ſond-
lich yn den groſſen ſtedten/die ſolichs woll vermůgen/tzůuer-
ſchaffen. Den ſo das Euangelion vnd allerley kunſt ſol bleibẽ/
mus es ye yn bůcher vnd ſchrifft verfaſſett vnnd angebunden
ſeyn. Wie die Propheten vnd Apoſtel ſelbs gethan haben/alls
ich droben geſagt habe. Vnnd das nicht alleyne darumb/das
dye yenigen/ſo vns geyſtlich vnd weltlich fůrſtehen ſollen/tzů
leſen vnd ſtudirn haben/ſonder das auch dye guten bůcher be
halten vnd nicht verloren werden ſampt der kunſt vnd ſprach
en/ſo wir yzt von Gottis gnaden haben. Hierynnen iſt auch
S. Paulus fleyſſig geweſen/da er Timotheo befilhet/er ſolle an
halten am leſen vnnd auch befilht/ehr ſolle das pergamen tzů
Troada gelaſſen/mit ſich bringen.

Ja ſolchs haben ſich gefliſſen alle kőnigreyche/die etwas
ſonderlichs geweſen ſind/vnnd tzůuor das Jſraeliſche volck/
vnter wilchen ſolchs werck Moſe anfieng der erſte/vnd hyes
das buch des geſetzs yn dye lade Gottis verwaren/vnnd thets
vnter die hand der Leuiten/das man bey den ſelben ſolt holenn
abſchrifft/wer es bedůrffte/alſo/das er auch dem Kőnige ge-
peut/er ſolle von den Leuiten ſolchs buchs abſchrifft nemen.
Das man wol ſihet/wye Got das Leuitiſche Prieſterthum vn
ter anderm geſchefften/auch datzů verordenet hatt/das ſie der
bůcher hůtten vnd warten ſollten. Nach dem hat diſe lebrarey
gemeret vnd gebeſſert Joſua/darnach Samuel/Dauid/Salo
mo/ Jſaias/vnd ſo fort an vyell mehr Kőnige vnd Propheten. Da her iſt komen die heylige ſchrifft des Alten Teſtamẽts/
wilche ſonſt nymer mehr were tzů ſamen bracht odder blieben/

wo got nicht thette ſollichen fleyß drauff heiſſen haben:
Dem exempel nach/haben auch die ſtiffte vnd klǒſter vor
zeittē Librarien angericht/wiewol mit wenig gutten bůchern.
Vnd was er fur ſchaden than hat/das man zu der zeit nicht
droß gehalten hatt/bůcher vnd gutte librarien zu verſchaffen/
da man bůcher vnd leute gnug datzu hatte/yſt man darnach
woll gewar worden/das leyder mit der zeit dahyn gefallen iſt
alle kunſt vnd ſprachen. Vnd an ſtat rechtſchaffener bůcher/
die tollen vnnůtzen ſchedlichen Můniche bůcher/Catholicon/
Floriſta/Greciſta/Labyrinthus/Dormi ſecure/vnd der gleichē
Eſels myſt vom teuffel eingefurt yſt/dz damit die Lateyniſche
ſprache zu bodē iſt gangen/vnd nyrgent kein geſchickte ſchu=
le noch lare noch weiße zu ſtudirn yſt vber blieben. Vnd wie
wir erfaren vnd geſehen haben/das mit ſo vil můhe vnd erbeit
man die ſprachen vnnd kunſt/dennocht gar vnuolkomen aus
etlichen brocken vnd ſtůcken allter bůcher/aus dem ſtaub vnd
wůrmen widder erfür bracht hat/vñ noch teglich dran ſůcht
vnd arbeyt/gleich wie man ynn eyner zuſtǒreten Stadt yn der
aſſchen nach den ſchetzen vnnd kleynoten grebt.
Darynn yſt vns auch recht geſchehen vnd hatt/ Got vn=
ſer vndanckberkeyt recht woll bezalet. Das wir nicht bedach=
ten ſeine wolthatt/vnnd vorrat ſchaffen/da es zeit war/vnnd
woll kundten/damit wir gůte bůcher vnnd gelerte leutt hetten
behalten/lieſſen es ſo faren/als gienge es vns nicht an. Thett er
auch widderumb/vnd ließ an ſtadt der heyligen ſchrifft vnnd
gutter Bůcher den Ariſtotelem komenn mit vntzelichen ſched=
lichen bůchern die vns nůr ymer weyter von der Biblien fůre=
ten. Datzu die Teuffels laruen/die Můniche vnnd der hohen
ſchulen geſpenſt/die wir mit vnmenſchlichem gutt geſtyfft vñ
vil Doctores/Predicatores/Magiſtros Pfaffen vñ můnicche/
das yſt/groſſe/grobe/ fette Eſel/mit rotten vnd braunen parre=
ten geſchmuckt/wie die ſaw mit eyner gůlden keten vnnd per=
len/erhalten/vnd auff vns ſelbs geladen haben/die vns nichts

guts lereten/ ſondern nur ymer mehr blinder vnd toller mach=
ten / vnnd dafür alle vnſer gut freſſen vnnd ſamleten nur des
drecks vnnd miſtes yhrer vnfletigen gyfftigen bůcher alle klô=
ſter/ya alle winckel voll/das grewlych tzudencken yſt.

Jſts nicht eyn elender yamer byßher geweſen/dz eyn kna=
be hat můſſen tzwentzig yar oder lenger ſtudirenn/ alleyn/das
er ſo vill böſes lateyniſch hat gelernt/das er möcht Pfaff wer=
den vnd Meß leſen? Vnnd wylchem es dahyn komen yſt/der
yſt ſelig geweſt. Selig yſt die mutter geweſt/die eyn ſöllch kind
getragen hatt. Vnd yſt doch eyn armer vngelerter menſch ſein
lebenlang bleyben/der widder tzu glucken noch tzu eyer legenn
getůcht hatt. Solche lerer vnnd meyſter haben wir můſſeu al=
lenthalben haben/ die ſelbs nichts gekundt / vnnd nichts guts
noch rechts haben mügen lerē/ya auch die weyſe nicht gewiſt/
wie man doch lernen dnd leren ſolte. Wes iſt die ſchuld? Es
ſyndt keyn ander bůcher furhanden geweſt / denn ſolche tolle
Můniche vnnd Sophiſten bůcher. Was ſolten denn anders
draus werden/denn eittel tolle ſchůler vnd lerer/wie die bůcher
waren die ſye lereten. Eyn dole hecket keyne tauben/vñ eyn narr
machet keyn klugē. Das yſt der lohn der vndanckbarkeyt/das
man nicht hat fleyß an librareyē gewendet/ ſondern hat laſſen
die gutten bůcher vergehen/ vnd die vnnůtzen behalten.

Aber meyn rad yſt nicht/das man on vnterſcheyd allerley
bůcher tzu hauffe raffe/vnnd nicht mehr gedencke/denn nur
auff die menge vnd hauffen bůcher. Jch wolt die wal drun=
der habē/das nicht not ſey/ aller Juriſten Cōment/aller Theo=
logen Sententiarum vnd aller Philoſophen Queſtiones/vnd
aller Můniche Sermones tzůſamlen. Ja ich wolt ſolchē miſt
gantz außſtoſſen/vnd mit rechtſchaffenē bůchern meyne libra=
rey verſorgen/vnd gelerte leut darůber tzu rad nemen. Erſtlich
ſolt die heylige ſchryfft beyde auff lateiniſch/Kriechiſch/Ebre=
yſch/vnd deutſch / vnd ob ſye noch ynn mehr ſprachen were/
drynnen ſeyn. Darnach die beſten außleger vnnd die Eltiſten

Beyde Kriechisch/Ebreisch/ vnd Lateynisch/wo ich sye fynde künde. Darnach sölche bücher/die tzu den sprachen tzu lernen dienen/als die Poeten vnd Oratores/nicht angesehē ob sye heiden oder Christē weren. Kriechisch oder Lateynisch. Deñ aus sölchen muß man die Gramatica lernen. Darnach solten sein/ die bücher von den freien künsten/vnd sonst von allen andern künsten. Zu letzt auch der Recht vnd Ertzeney bücher. Wiewol auch hie vnter den Commenten einer gutten wal nott ist.

Mit den fürnemsten aber solten seyn die Chronicken vnnd Historien/wasserley sprachen man haben künde. Denn die selben wunder nütz synd/der welt lauff tzuerkennen vnd zu regiren. Ja auch Gottis wunď vnd werck zusehē. O wie manche feyne geschichte vnd sprüche solt man ytzt haben/ die yn deutschen landē geschehen vnd gangen synd/der wir ytzt gar keins wyssen/das macht/niemant ist da gewesen/der sie beschrieben/ oder ob sie schon beschrieben gewest werē/niemant die bücher gehalten hatt/darumb man auch vonn vns Deutschen nichts weyß ynn andern landen/vnd müssen aller welt die Deutschen Bestien heyssen/die nichts meer künden/den kriegen vnd fressen/ vnnd sauffen. Aber die Kriechischen vnnd Lateynischen. Ja auch die Ebreischen haben yhr ding so gnaw vnd fleissig beschriebē/das/wo auch eyn weyb oder kindt etwas sönderlichs gethan oder geredt hatt/das muß alle welt lesen vnnd wyssen/ dieweil synd wir Deutschen noch yñer Deutschen/ vnd wöllē deutsche bleyben.

Weill vns denn ytzt Gott so gnediglich beratten hatt/mit aller fülle/beyde der kunst/gelerter leutte vñ bücher/so ysts tzeit/ das wir erndten vnd einschneitten das beste/das wir künden/ vnd schetze samlen/damit wir etwas behalten auff dz zukünftige von dysen gülden yaren/vnd nicht dyße reiche erndte verseumen. Denn es tzu besorgen yst/vnd ytzt schon widder anfehet/das man ymer new vnd ander bücher macht/das tzu letzt dahyn kome/ das durch des teuffels werck die gutten bücher/

so yzt durch den druck erfur bracht syndt/widderumb vnter-druckt werden/vnd die losen heylosen bůcher von vnnůtzē vñ tollē dingē wider ein reissen vnd alle winckel füllē. Deñ damit geht d teufel gewyßlich vmb/dz man sich widderūb mit eytel Catholicon/Floristen/Modernisten vnd des verdāpten Můnichen vnd Sophisten mists/tragen vnnd martern můsse/wie vorhynn / vnd ymer lernen vnnd doch nymer nichts erlernen.

Derhalben bitt ich euch meyne liebē herrn/wöllet dyse meine trewe vnd fleyss/bey euch lassen frucht schaffen. Vnnd ob etlich weren/die mich tzugeringe dafur hieltenn / das sie meins radts solten leben/oder mich als den verdampten von den tyrannen/verachten/die wolten doch das ansehen/das ich nicht das meyne/sondern alleyn des gantzen Deutschē landes glück vnd heyll süche. Vnd ob ich schon eyn narr were/vnnd treffe doch was guts/solts yhe keinem weysen eyn schande dünckē/ mir tzufolgen. Vnd ob ich gleich eyn Türcke vnd heyde were/ so man doch sihet/ das nicht mir darauß kan der nutz komē/ sondern den Christen/söllen sie doch billich meinē dienst nicht verachten. Es hatt wol ehe mals eyn narr baß tzugeratten/deñ eyn gantze rath der klugen. Mose müste sich von Jetro leren lassen. Hiemit befylh ich euch alle Gottis gnadē/ der wölt ewer hertzen erweichē vnd antzündē/ das sie sich der armen/elenden/verlassenē yugent mit ernst annemē/ vnd durch Götliche hilffe/jhn radten vnnd helffen zu seligem vnd Christlichem regimēt deutsches lands an leyb vnd seel mit aller fülle/vnd vberfluß zu lob vnd ehren Got dez vatter durch Jesum Christum vnsern heyland. Amen.

¶ Gedruckt tzů Erffordt/tzů dem puntten Lauwen bey. S. Pauel. 1524.

VACAT

Anhang

Erläuterungen

Luthers Ratsherrenschrift spricht über weite Strecken noch heute für sich. Für ein besseres Verständnis aber sollen hier einige wenige Erläuterungen geboten werden, auf die in der Übertragung jeweils durch hochgestellte Buchstaben verwiesen ist.

A – Artes Liberales

Sieben *artes liberales* (»Freie Künste«) waren an den mittelalterlichen Hochschulen[S] die Disziplinen eines Grundstudiums, das dem Fachstudium etwa der Theologie, Jurisprudenz oder Medizin vorausging. Zu den *artes liberales* gehörten die sprachlichen Fächer Grammatik, Dialektik und Rhetorik (das sogenannte Trivium – daher der heutige Begriff »trivial« für einfaches Wissen) sowie die mathematischen Fächer Arithmetik, Musik, Geometrie und Astronomie (Quadrivium). Unter den im Unterricht verbreiteten Lehrbüchern nennt Luther Folgende (die hier nach der Entstehungszeit sortiert sind):

Donatus (Aelius Donatus, um 310 – um 380) war Autor von Werken zur lateinischen Grammatik, die im ganzen Mittelalter als höchste Autorität galten.

Alexander (Alexander de Villa Dei, auch Alexander Gallus genannt; um 1170 – um 1240) war Autor einer lateinischen Grammatik, die als Lehrgedicht in Versform gestaltet war.

Graecista war der Kurzname des Eberhardus von Bethune (Évrard de Béthune, † um 1212), der unter dem Titel *Graecismus* eine lateinische Grammatik in Gedichtform schuf, die auch einen Abschnitt zum Griechischen umfasste (daher der Titel).

Labyrinthus (*Laborintus*) war der Titel eines Lehrbuchs der poetischen Technik, das Everardus Alemannus (Eberhard von Bremen, um 1250) geschaffen hatte.

Catholicon war ein lateinisches Wörterbuch mit teils enzyklopädischen Einträgen, das 1286 Johannes Balbus (Giovanni Balbi von Genua, † 1298) zusammengestellt hatte.

Florista war der Kurzname des Autors eines Lehrbuchs, das mit den Worten *Flores grammaticae* begann und von Ludolfus de Lucohe (Ludolf von Hildesheim, um 1300) stammte; auch dieses Werk bietet eine lateinische Grammatik in Gedichtform.

Dormi secure, eigentlich *Sermones dormi secure*, war der Titel einer Predigtsammlung des Kölner Franziskaners Johannes de Verdena (von Werden, † 1437), deren Musterpredigten einfachen Klerikern die Vorbereitung des Gottesdienstes erleichtern sollten.

B – Bibel

Luther folgt (anders als moderne Bibelausgaben) der lateinischen Vulgata bei der Zählung der Psalmen, weist aber in einem Fall (S. 50/51) auf den irreführenden Vulgata-Text hin: Psalm 110,3 werde als *Tecum principium in die virtutis tuae* zitiert (»Bei dir ist der Anfang am Tage deiner Kraft«); das hebräische Original freilich besage: »Dein Volk opfert sich willig am Tag deines Kriegszugs.«

Gelegentlich nutzt Luther allegorische Bilder, etwa wenn er – wohl mit Bezugnahme auf Psalm 29,9 – die Heilige Schrift als tiefen Wald bezeichnet, in den es einzudringen gilt, und dann meint, ohne Sprachkenntnisse »wäre ich doch allen Büschen zu fern geblieben«, also: hätte mich dem »Wald« der Heiligen Schrift nicht genähert (S. 56/57).

Wie in 2. Kön 25,12 angegeben ist, waren nach der Zerstörung Jerusalems (597 v. Chr.) die Priester, Beamten u. a. nach Babylon gebracht worden, während die »geringen Leute» zurückbleiben konnten (S. 60/61). Luther hatte den Vergleich seiner eigenen mit jener Zeit in seiner großen Schrift *De captivitate Babylonica ecclesiae praeludium* (»Ein Vorspiel von der babylonischen Gefangenschaft der Kirche«) bereits 1520 geboten.

Als »Neues Testament« bezeichnet Luther (S. 46/47) zunächst die Botschaft vom »Neuen Bund«; die schriftliche Urkunde dieser Botschaft wurde dann das griechische »Neue Testament«.

G – Gottesdienste

Vigilien hießen die Gebetsgottesdienste, die man für Verstorbene am Tag ihres Todes oder Begräbnisses abhielt; auf sie folgte, bevor man zum Grab ging, eine sogenannte Seelenmesse für das ewige Seelenheil der Verstorbenen.

Die Jahrtage bei der jährlichen Wiederkehr des Begräbnistages waren Feiern zum Gedenken an Verstorbene mit einer Wiederholung von Vigilien und Seelenmessen.

H – Heilige

Luther nennt, ohne dass wir seine Auswahl nachvollziehen könnten, als Heilige die Märtyrerinnen Agnes, Agathe und Lucia.

Luther erwähnt auch den Hl. Bernhard von Clairvaux (1090–1153), den wohl bedeutendsten Mönch des Zisterzienserordens.

L – Luther

Martin Luther war seit Juni 1520 mit dem päpstlichen Bann bedroht und seit dem Wormser Reichstag im Frühjahr 1521 geächtet; alle seine Schriften waren verboten. Zu Beginn und am Ende der Ratsherrenschrift verweist er daher auf seine aktuelle Position als vom Papst Gebannter und vom Kaiser Geächteter.

1523 wurden in Brüssel die zu Luthers Lehre übergegangenen Augustiner Johannes van Esschen (Jan van Esch) und Hendrik Vos (Hinrich Voes) öffentlich verbrannt und so zu Märtyrern für die Sache der Reformation.

Luthers Anfang 1523 erschienene Schrift *Von weltlicher Obrigkeit, wie weit man ihr Gehorsam schuldig sei* ist eine theologische Auseinandersetzung über das Verhältnis eines Christen zur weltlichen Obrigkeit, die auf die Verbote von Druck und Verkauf seiner Schriften und der Übersetzung des Neuen Testaments reagiert.

In demselben Jahr erschien auch seine Schrift *Dass eine christliche Versammlung oder Gemeinde Recht und Macht habe, alle Lehre zu urteilen und Lehrer zu berufen, ein- und abzusetzen, Grund und Ursache aus der Schrift.*

R – »Geistliche Rotten«

Als »Geistliche Rotten« bezeichnet Luther das gesamte Ordens-, Stifts- und Bruderschaftswesen seiner Zeit. Die Kapuze ist ein Stück der gewöhnlichen Mönchskleidung. Tonsur heißt die einen katholischen Geistlichen oder Mönch kennzeichnende Haartracht, nämlich eine geschorene Stelle auf dem Scheitel. Bruderschaften waren kirchliche Vereinigungen von Laien zur Übung von besonderen Werken der Frömmigkeit.

Die Übergabe von Kindern an Klöster diente deren Seelenheil, aber insbesondere in ärmeren Familien auch deren Existenzsicherung. Eine Folge reformatorischen Gedankenguts war der Rückgang des Zulaufs zu den Klöstern und damit der dortigen Ausbildung.[S]

Luther erwähnt die Waldenser, eine im späten 12. Jahrhundert durch den Lyoner Kaufmann Petrus Valdes begründete Bruderschaft religiöser Laien, die später als Häretiker verfolgt wurden und in der Lehre den späteren Reformatoren nicht fern waren. Luther stand ihnen freundlich gegenüber, kritisierte sie aber wegen ihrer philologisch nicht hinreichend strengen Auslegung der Bibel.

S – Schulen und Hochschulen

Bildungsstätten, die auf den kirchlichen Dienst, aber auch auf den Besuch der Hochschulen vorbereiteten, bestanden vor allem in den Schulen der Klöster und Stifte. Diese Schulen waren oft (wie die Hochschulen auch) Lebensgemeinschaften, in denen Lehrer und Schüler zusammen lebten und lernten. Der Lernstoff[A] wurde hier oft nachgerade gewaltsam eingebläut, führte aber nicht regelmäßig zu guten Lateinkenntnissen. In den Bibliotheken fand Luther von Juristen *Commentaria* (Rechtskommentare), von Theologen *Sententiae* (Lehrsätze), von Philosophen *Quaestiones* (Problemdarstellungen) und von Mönchen *Sermones* (Predigten).

An den Hochschulen waren laut Luther oft »Sophisten« tätig, die durch ihre Spitzfindigkeit gekennzeichnet waren. Als »Modernisten« bezeichnet er Vertreter der seinerzeit »modernen« nominalistischen Theologie.

Seit dem Fall von Konstantinopel 1453 gab es eine Diaspora aus griechisch gebildeten Gelehrten, die auch den deutschen Humanismus befruchteten, auch wenn alle Deutschen oft als »Bestien« verunglimpft wurden. Die Humanisten ihrerseits suchten in Bibliotheken nach Zeugnissen antiken Denkens, bemühten sich um eine philologische korrekte Deutung und vermittelten ihre Erkenntnisse in gutem Latein.

V – Väter

Luther bezieht sich einmal auf die »Väter«, womit er sowohl die sogenannten »apostolischen Väter« meint, deren Schriften in der ersten nachapostolischen Zeit entstanden, als auch insbesondere die christlichen Autoren, deren Schrifttum die Lehre der mittelalterlichen Kirche prägte und die deshalb als »Kirchenväter« bezeichnet werden.

Unter Letzteren nennt er Hilarius von Poitiers (um 315–367), Hieronymus († 420 n. Chr.) und Augustinus von Hippo (354–430), dessen Schrift *De doctrina christiana* (»Über die christliche Lehre«) Grundregeln für die Auslegung der biblischen Texte aufstellt.

W – Gute Werke und Ablasswesen

Wer einen Ablass kaufte, konnte damit eine Tilgung von Sündenstrafen auf Erden oder im Fegefeuer dadurch erreichen, dass er Anteil an dem Schatz überschüssiger guter Werke bekam, den Christus, dazu Maria und alle Märtyrer, Jungfrauen und Gerechte erworben hatten. In den sogenannten »Jubeljahren« war in Rom ein besonderer Ablass zu haben, regelmäßig zunächst alle 100, dann alle 50, alle 33 und schließlich alle 25 Jahre, außerdem bei besonderen Anlässen.

Als Gute Werke, die dem ewigen Seelenheil nutzen konnten, galten ebenso Vermächtnisse und Stiftungen, die dem Bau von Kirchen und Klöstern und ihrer Ausstattung zugute kamen, sowie Wallfahrten an Heilige Stätten wie Rom oder Jerusalem.

Auch die Bettelorden (Augustiner-Eremiten, Dominikaner, Franziskaner, Karmeliter), die von freiwilligen Spenden lebten, nahmen milde Gaben als Gute Werke an.

Register

WEITERE AUSGABEN VON ERFURTER DRUCKEN

Ein Enchiridion oder
Handbüchlein geistlicher Gesänge und Psalmen
(Erfurt 1524)

herausgegeben von Christiane und Kai Brodersen
2. Aufl. Speyer 2011

108 Seiten, kartoniert, ISBN: 978-3-939526-03-2 – 6 Euro

»... dass sie allein den ganzen Tag im Chor gestanden sind und nach Art der Priester Baals mit undeutlichem Geschrei gebrüllt haben und noch in Stiftskirchen und Klöstern brüllen wie die Waldesel zu einem tauben Gott.« Abhilfe gegen diesen Missstand versprach das erstmals 1524 in Erfurt im »Haus zum Färbefass« (Pergamentergasse 16) gedruckte »Enchiridion oder Handbüchlein geistlicher Gesänge und Psalmen«. Ein Großteil der Melodien und Texte aus dem Erfurter »Färbefass-Enchiridion« fand rasch weite Verbreitung und steht bis heute in den Gesangbüchern katholischer wie insbesondere evangelischer Kirchen. Die Lieder in der Weise zu singen, in der sie 1524 erschienen sind, ermöglicht die vorliegende Ausgabe. Nach einer Wiedergabe des Originaldrucks bietet sie in modernem Notensatz und singbaren Textfassungen die Erfurter Enchiridion-Lieder, »welche ein jeglicher Christ billig bei sich haben soll und tragen zu steter Übung, in welchen auch die Kinder mit der Zeit auferzogen und unterwiesen werden mögen.«

Adam Ries
Das erste Rechenbuch
(Erfurt 1525)

herausgegeben von Christiane und Kai Brodersen
1. Aufl. Speyer 2018

228 Seiten, kartoniert, ISBN 978-3-939526-38-4 – 7,50 Euro

Das erste Rechenbuch von Adam Ries (oder Adam Riese, 1492–1559), das 1525 in Erfurt erschienen ist, wird hier in einer neuen Kopie, einer Transkription und einer modernen Übertragung zugänglich gemacht und durch eine ausführliche Einleitung erschlossen. Mit über hundert aus dem Leben gegriffenen Textaufgaben macht uns Ries das Rechnen in der frühen Neuzeit lebendig und bietet damit einen einmaligen Einblick in Handel und Wandel im Erfurt seiner Zeit. Das Buch ermöglicht zugleich, heute so zu rechnen wie ein Rechenmeister vor 500 Jahren.